DIÁRIO *de um* DOUTRINADOR

Distribuição

Avenida Brigadeiro Faria Lima, 1080 - Vila Fátima
CEP 13369-040 - Capivari-SP
Telefones: (19) 3491-7000 | 3491-5449
Vivo (19) 9 9983-2575 | Claro (19) 9 9317-2800
vendas@editoraeme.com.br - www.editoraeme.com.br

LUIZ GONZAGA PINHEIRO

DIÁRIO *de um* DOUTRINADOR

Capivari-SP
– 2024 –

A Editora EME mantém o Centro Espírita "Mensagem de Esperança" e patrocina, junto com outras empresas, instituições de atendimento social de Capivari-SP.

21ª reimpressão - outubro/2024 - de 24.001 a 24.500 exemplares

CAPA | André Stenico
DIAGRAMAÇÃO | João Victor C. de Oliveira
REVISÃO | Alberto Luís de Mello Rosato
Waldeyr de Oliveira

Ficha catalográfica

Pinheiro, Luiz Gonzaga, 1948-
Diário de um doutrinador / Luiz Gonzaga Pinheiro - 21ª reimp. out. 2024 - Capivari-SP: Editora EME.
216 p.

1ª edição : mar. 1998
ISBN 978-85-7353-051-3

1. Reuniões mediúnicas - Espiritismo.
2. Desobsessão / Doutrinação.

CDD 133.9

Este trabalho é dedicado aos amigos Mário Rocha e Chico Lopes, de quem aprendi que toda grande realização foi um dia considerada impossível.

A seriedade de uma reunião, entretanto, não é sempre suficiente para haver comunicações elevadas. Há pessoas que nunca riem, mas nem por isso têm o coração mais puro. Ora, é acima de tudo o coração que atrai os espíritos bons. Nenhuma condição moral impede as comunicações espíritas, mas, se estamos em más condições, nos entretemos com os que se nos assemelham, que não perdem a ocasião de nos enganar e quase sempre estimulam os nossos preconceitos.

...

Em resumo: as condições do meio serão tanto melhores, quanto maior homogeneidade houver para o bem, com mais sentimentos puros e elevados, mais desejo sincero de aprender, sem segundas intenções.

***O Livro dos Médiuns*,**
questão 233, Allan Kardec, Editora EME.

SUMÁRIO

INTRODUÇÃO

Tanto a mediunidade como a doutrinação revestem-se de aspectos singulares somente percebidos por aqueles que lhes compartilham o estudo e a vivência cotidiana. Teoria e prática se complementam, assim, pelo esforço de observação e pesquisa, apercebendo-se o aprendiz que nuanças e sutilezas são tão abundantes nesta área, que impossibilitam ao mais assíduo estudante de tal matéria, a glória de dizer-se conhecedor. A cada reunião mediúnica surgem fatos novos que desafiam os conhecimentos já arquivados. Não que os mesmos sejam inverídicos ou ultrapassados em sua estruturação ou essência. Nosso saber sobre as leis e a ciência do mundo espiritual e do espírito em si, é que é escasso e mesclado com o academicismo terreno, nem sempre aplicável à leveza dimensional do plano astral, onde a mente atua como fator modelante e modificador, através de forças imponderáveis aos nossos sentidos.

Diário de um doutrinador enfoca, através de fatos sintéticos e de fácil assimilação, esta realidade intrínseca de uma reunião de desobsessão. São fatos reais, onde a necessidade do conhecimento doutrinário, da aquisição da disciplina moral e mental, firmam-se como sentido óbvio, armadura sem a qual médiuns e doutrinadores são facilmente alvejados pelas mistificações e ciladas das sombras.

Os casos descritos neste volume são comuns e corriqueiros em um grupo mediúnico dedicado ao trabalho desobsessivo, com experiência e dedicação já comprovadas, levando-se em conta a relatividade de seres inferiores que ainda somos. O estudo dos mesmos, contudo, constitui-se em rica oportunidade de conhecimento sobre aspectos singulares do plano espiritual, notadamente a mediunidade, a obsessão, a desobsessão, bem como as sutilezas que acompanham temas tão fascinantes. Como aquele que estuda é sempre o que mais dúvidas apresenta, e como a grande maioria dos estudiosos da problemática exposta não entra em contato direto com a prática desobsessiva, elaboramos o presente volume, com o objetivo de situar o pesquisador teórico na intimidade da prática desobsessiva doutrinária, para que ele possa associá-la à visão intelectual que cultiva.

Como em todo trabalho nosso, neste, buscamos a simplicidade e coerência doutrinária, certos de que toda ascensão humana passa obrigatoriamente por esses dois degraus da vida.

SOBRE A REUNIÃO DE DESOBSESSÃO

O objetivo de uma reunião de desobsessão é o intercâmbio com o plano invisível, visando apaziguar pessoas ou grupos em litígio. Sendo a obsessão quase sempre a ação persistente e vingativa de um mau espírito sobre alguém, e na maioria das vezes tendo sua origem nas ações do obsidiado com o obsessor em existência passada, temos que, pelas características bélicas de um mundo de provas e expiações, não falta clientela para tais encontros.

Mas na prática, nem tudo é vexação no iluminado espaço de uma reunião desse estilo. Surge ali, igualmente, o suicida que necessita de enfermagem imediata, o hanseniano que precisa sentir os seus membros sadios, o resgatado das furnas sombrias, o fanatizado pelo ouro que deixou na Terra, a criança que se viu de repente sem os pais ...

O que caracteriza uma reunião de desobsessão é a sua dinâmica, o inusitado, a emergência, a diversificação surpreendente, de tal modo, que podemos afirmar não existirem duas reuniões iguais, ou mesmo semelhantes, no espaço de uma estadia terrena vivida pelo doutrinador.

Cada reunião é uma aula. E nesse contexto (como o bom professor diz, "vou preparar-me para uma aula", e não, "vou preparar uma aula", pois ao prepará-la geralmente exclui o inusitado), doutrinadores e médiuns também devem dizer: "vamos nos preparar para uma reunião de desobsessão", pois sabem que a pauta é organizada pela equipe dirigente desencarnada, e é impreterível o preparo para qualquer situação.

A equipe que toma a cargo dinamizar uma reunião de desobsessão no plano dos encarnados, deve atuar sem fadiga, enfatizando os seguintes aspectos:

- Amizade e companheirismo entre os membros do grupo (encarnados e desencarnados) aceitando os primeiros as orientações dos espíritos superiores que lhes auxiliam no estudo e na prática doutrinária, pré-requisito para a formação de uma sintonia consistente e harmoniosa.

- Conhecimento doutrinário aliado à elevação de propósitos, sem os quais qualquer incursão pelo plano invisível pode tornar-se aventura perigosa, com desfecho imprevisível.

- Conduta moral equilibrada, com referencial disciplinador respaldado no Evangelho de Jesus, onde estão inscritas as normas morais de atuação e interação entre grupos humanos.

- Pontualidade e disposição para o trabalho. O importante não é apenas estar presente à reunião no instante marcado, mas integrar-se a ela; viver a emoção de estar contribuindo para a paz; oferecer os sentimentos, os conhecimentos, as energias, ciente de que toda atitude ética vale a pena por amor a Jesus.

- Educação mediúnica em constante aperfeiçoamento, evitando agressões, esgares, gritos, pancadas sobre a mesa, palavras chulas... a fim de que o intercâmbio tenha o cunho educativo e disciplinador, sobre qualquer emoção em desalinho que o comunicante apresente.

Claro que aqui citamos o mínimo exigido para um trabalho produtivo e duradouro. A reunião a qual dirijo tem doze componentes, dentre os quais oito são médiuns ostensivos, dois são passistas e dois doutrinadores. Como somente um doutrinador dialoga com o comunicante, o que fica na reserva auxilia os companheiros ministrando passes e fortalecendo a corrente vibratória com preces e mentalizações.

Todos nós nos programamos para o estudo metódico das obras de Kardec e de dezenas de outras subsidiárias, cujo teor seja mediunidade e/ou obsessão. Estudamos também um pouco de psicologia e psiquiatria, visando entender a complexidade de uma mente perturbada, bem como distinguir uma obsessão de uma neurose ou psicose, no trato com pessoas que buscam auxílio na casa espírita.

Médium que não estuda é médium ludibriado. No intercâmbio mediúnico, a análise criteriosa deve ser exercida sobre qualquer comunicação, logicamente sem a paranoica ideia de que todo comunicante é mistificador.

Apresso-me em dizer: sem amor ao trabalho a ser executado, não entre em uma reunião de desobsessão; e se entrar sem esse sentimento de doação, não fique. A curiosidade ali tem seus limites traçados pela caridade, e a acomodação é posta a ferro pelas correntes da disciplina. Fica quem aceita de bom grado o "amai vos e instruí-vos", mesmo tratando com aqueles que aprovam o "armai-vos e destruí-vos".

Quando fui convidado pelo dirigente espiritual da casa para ser o doutrinador do grupo mediúnico, ele me deu uma lição inesquecível. "Como agir?"- perguntei. "Com caridade e disciplina. Tenha cuidado para que a disciplina não atropele a caridade e para que a caridade não amoleça a disciplina".

Esta parece ser a regra básica para um grupo de desobsessão. E que Jesus, que tantas pessoas tem libertado de seus obsessores invisíveis, nos torne livres da ignorância e do desamor, erradicando de vez a obsessão do terreno ainda escarpado de nossos corações.

Luiz Gonzaga Pinheiro

para que o trabalho do Cristo não viesse a sofrer

compreendermos a razão da ausência de alguns no costumeiro trabalho

responder, estes mantiveram-se firmes no propósito de acertar, frente aos

diálogo com o dirigente espiritual, que elucidou

a série que a televisão está mostrando (Holocausto) e como a

educação, eles não deviam com tais cenas registradas na mente, dificultando

para a busca no trabalho – Saúde

com os episódios e dificultam o desenvolvimento

fatos acontecimentos, ficam a discutir ou mesmo em busca dos locais dos acontecimentos

alguns personagens. Ocorre, ainda, que lembranças podem aflorar

funcionam como indutor na evocação de vidas passadas. Falo em tese

desenvolvimento emocional nos médiuns que ainda não conseguem

Vocês já sabem como proceder: deitar, orar, mentalizar

para o trabalho de Jesus. Chamo ainda a atenção dos irmãos para os

e o excesso de alimentação carnívora. Fator que dificulta o desenvolvimento

pode estar dificultando a saída do trabalhador, ou o seu encontro com

Lembramo-nos do sábio conselho de Paulo

Estranhamos com a comunicação com alguns médiuns

a interessar-se pela história dos judeus nos

dos espíritos, ainda que momentaneamente. Outro nos disse que durante

Um terceiro nos confidenciou estar abusando da carne por ter

que deveríamos evitar o excesso desse alimento, pelos fluidos pesados de que

Faz tanto mal assim?

da segunda, mas pela que carne, que tem fluidos muito mais fortes

conscientes de que o errado não deveria repetir-se. Ao final, disse-lhe

Qual o caráter geral da prece?

- A prece é um ato de adoração. Orar a Deus é pensar n'Ele, se aproximar d'Ele e colocar-se em comunicação com Ele. Pela prece pode-se propor três coisas: louvar, pedir e agradecer.

O Livro dos Espíritos
Allan Kardec (pergunta 659)

A PRECE

SE EXISTE UM elixir que possa atuar como bálsamo revigorante para o espírito, esse é a prece. Atuando qual telefonema para os bons espíritos, coloca-nos em contato com as regiões luminescentes, de onde haurimos a potência necessária ao desbloqueio da estrada que palmilhamos, procedendo à terraplanagem tão urgente à paz interior. Falo da prece verdadeira, cuja mensagem, plena de puros sentimentos, parte do recolhimento íntimo para a imensidão exterior, repercutindo de imediato nas campainhas dos destinatários. Falo da prece descomprometida com a quantidade de palavras, das posições genuflectas obrigatórias, dos locais sacramentados, do artificialismo dogmático e do ritualismo puramente material. Da prece, cujo recolhimento e sinceridade de propósitos são prioridade no ato de orar.

Tal fato não se circunscreve logicamente à condição material do órgão fonador, nem da atuação psíquica em claridades estelares. O homem está orando quando trabalha com honestidade, quando enfatiza a dignidade, quando ensina o bem, exalta o belo, fortalece o frágil, quando é útil. Foi a este ângulo da prece que Paulo de Tarso se referiu, quando nos aconselhou a orar sem cessar. Sempre há por quem ou por que orar: um pedido, um agradecimento, um louvor. À bondade infinita de Deus. Desprezar o valor da prece é desconhecer a grandeza inestimável daquele que ensinou a orar e que orava constantemente: Jesus. Andando, pois, nas cercanias e rincões deste vasto mundo, no vale das flores ou no vale da sombra e da morte, usemos a prece, na certeza de que ela funcionará qual diamantina conexão que manterá acesa a chama viva do ânimo em nós, facultando-nos o combustível da ação. O espírita, conhecedor do mecanismo da prece, não pode nem deve abster-se de tal instrumento, de vez que dele depende muito da sua força, como elemento propulsor da perseverança e da disciplina.

Uma regra geral nas reuniões de desobsessão é a frequência com que a prece é usada. Ora-se na abertura da reunião e faz-se prece para concluí-la. Se o obsessor ameaça, a prece funciona como calmante. Se o zombeteiro ridiculariza, a oração o torna ridículo. Se o suicida arde em chamas, a prece é brisa suave que neutraliza o calor. Se o revoltado agride, a oração o força à passividade. Costumo incentivá-los ou preveni-los de que a prece funciona de acordo com a necessidade, a urgência e o merecimento de cada um.

Em uma dessas reuniões, um espírito brincalhão apresentou-se através do médium psicofônico, dizendo-se faminto e necessitado de pão.

- Você não sabe o que é estar há dias sem comer - lamuriava.

- Você não trabalha? - perguntei já suspeitando de sua comédia.

- Não! Eu não estou procurando trabalho, e sim comida.

- Mas meu irmão, Jesus não aconselhou ganhar o pão com o suor do rosto?

- Mas também Jesus disse para dar pão a quem tivesse fome.

- É verdade! Mas cabe aqui distinguir o pão material do pão espiritual. Não será desse pão espiritual a sua carência maior?

Ficou calado. Procedi a uma prece em seu favor, solicitando a Jesus suprimento para as suas necessidades. Desligou-se do instrumento mediúnico. Todavia, fui avisado por um médium vidente que ele apenas mudara de médium para iludir-me, desta vez representando um novo papel, tentando fazer-se passar por uma velhinha alquebrada pelos sofrimentos do mundo.

- Atenda-me, por favor! Estou cansada de tanto caminhar.

- Pode repousar em nossa casa. Mas, que busca em tão extenso calvário?

Ficou meio confuso em responder. Ofereci-lhe a oportunidade de fazer uma prece solicitando ao médico divino o alento para as suas dores. Não quis. Reconhecendo-se a descoberto, resolveu inverter a situação, criticando-me a ingenuidade, por ser tão facilmente ludibriado. Adverti-o para o respeito devido a uma casa de oração, justamente naquele momento em que iríamos iniciar uma prece por ele.

- Outra prece! Não já fez uma! Para que rezar de novo se a sua reza nada vale? Estou morrendo de medo da sua prece!

Passei à oração. Pedi aos espíritos, dirigentes da casa, sem tom de desforra ou de superioridade, que a oração funcionasse como medicamento adequado aos sintomas daquele irmão. Apliquei-lhe passes. Mentalizei fluidos urticantes provocando em seu perispírito a virulência que lhe despertaria da sua posição de anestesiado na irresponsabilidade.

- Você vai começar a sentir coceiras, disse-lhe. (chamo a esse método de doutrinação por indução hipnótica)

- Não vou sentir nada!

Mas, daí a instantes ele começou a se contorcer incomodado por uma onda de coceira em seu corpo.

- Isso é ilusão! Coisa da minha cabeça!

Começou a coçar-se timidamente, para depois acelerar os gestos, como se estivesse sendo picado por dezenas de abelhas. Para que o médium não se ferisse, os espíritos imobilizaram o zombeteiro.

- Cara, manda me desamarrar, para que eu possa ao menos me coçar. Meu corpo está fervilhando. Foi uma brincadeira! Se você quiser eu peço desculpas, eu peço perdão, mas manda me soltar, por favor!

A lição havia sido ministrada. Talvez não absorvida para posterior vivência, mas o susto ficara gravado em sua mente como um aviso para que pensasse duas vezes antes de invadir uma casa de oração para testar seus trabalhadores.

Perguntei depois aos dirigentes da casa.

– Não foi uma dura lição?

– Não! Para alguns a prece é calmante. Para outros é excitante. Quem sabe se obtendo a resposta na sua linguagem, ele saia do seu aturdimento, e seja impelido ao respeito senão por si, mas, pelos que oram. É como você disse a ele. A prece atua em muitos males, materializando-se em medicamentos adequados a cada doente.

Acrescentamos que o estudo de uma matéria, tal como a doutrina espírita, que nos lança de repente em uma ordem de coisas tão novas e tão grandes, não pode ser feito com resultado senão por homens sérios, perseverantes, isentos de prevenções e animados de uma firme e sincera vontade de atingir um resultado. Nós não saberíamos dar essa qualificação àqueles que julgam, a priori levianamente e sem ter visto tudo; que não dão aos seus estudos nem a continuidade nem a regularidade, nem o recolhimento necessário, nós saberíamos menos ainda dá-la a certas pessoas que, para não faltar à sua reputação de pessoa de espírito, se empenham em procurar um lado burlesco nas coisas mais verdadeiras, ou julgadas tais, por pessoas cujo saber, caráter e convicção dão direito ao respeito de quem se vanglorie de educado. Portanto, aqueles que não julgam os fatos dignos deles e da sua atenção, que se abstenham.

O Livro dos Espíritos
Allan Kardec (introdução - tomo VIII)

A NECESSIDADE DO ESTUDO

POR TODOS OS grupos de estudo pelos quais passei, jamais deixei de colocar em primeiro plano, para os estudos efetuados, a obra magmática de Kardec. Companheiros vários se baseavam em vasta literatura acadêmica, intrincadas teorias, explicações estapafúrdias, nomes pomposos... Buscava Kardec, e lá estava a explicação lógica, simples, verdadeira. Alguns se surpreendiam.

– Julguei não existir referências sobre tal assunto na codificação – diziam.

É obrigação de todo pesquisador, palestrante, orador, aprendiz ou simpatizante, priorizar Kardec. É preciso entender que o mestre é Jesus, mas Kardec é o professor escolhido como seu intermediário, através dos ensinamentos dos bons espíritos, coordenados em forma de doutrina. Convivo com espíritas desde bem jovem. Com tristeza, tenho confirmado que boa parcela destes permanece na superfície de sua doutrina. Não busca a profundidade, a verticalidade, acomodando-se a esta ou aquela palestra, sem ater-se aos desdobramentos das mesmas. Quando se indaga pormenores acerca do perispírito, por exemplo, citam alguém ou algum estudioso que possa fornecê-los, uma vez que não conseguem falar por si próprios, demonstrando total falta de conhecimentos. Aceitam cobras e lagartos como citações de Kardec, e, diante uns dos outros, como a esconder a própria ignorância a respeito da doutrina que deveriam honrar, citam sempre os mesmos restritos pensamentos e chavões, com pose de sumidade. Para o espírita genuíno, o essencial não é apenas ler Kardec, mas sim estudá-lo. Quanto mais distante o espírita está da codificação, mais próximo encontra-se da ignorância. Não são poucos os palestrantes que fazem citações errôneas, decorrentes de suas deficiências intelectuais, como sendo emitidas pela genialidade de Kardec. Inúmeros são aqueles que, agindo como pseudossábios, abandonam o manancial kardecista, por julgá-lo absorvido ou obsoleto, dedicando-se a pesquisas inúteis, algo assim como a possibilidade de um naufrágio no deserto do Saara, ou a importância do desodorante nas axilas do gambá. Quando ouvi pela primeira vez um palestrante citar Kardec como superado, coloquei seu nome no caderno de obsidiados que mantemos sobre a mesa mediúnica do Centro Espírita Grão de Mostarda.

Uma semana após os espíritos me disseram:

– Você em parte tem razão. Ele se deixa obsidiar pelo fascínio de teorias novas, mas que não possuem o respaldo da ciência, nem a consistência moral necessária para serem incorporadas à doutrina. Seu obsessor no momento é o orgulho de julgar saber muito, sem o cuidado de assentar o seu saber em bases sólidas.

Poder-se-ia perguntar aos sem-tempo para os estudos, quantos minutos gastam diariamente em conversações improfícuas, programações estéreis, trabalhos desnecessários. E mais. Se a vida tem dupla face, por que cuidar somente da face material? Não é a outra mais real e permanente? Compenetremo-nos dos nossos deveres, pois se as trevas adoram espíritas acomodados, a luz acredita nos espíritas esforçados.

Ânimo companheiros! Troquemos as plumas e paetês pelo arado. Afinal de contas, um livro pesa muito pouco e não provocará distensão nos bíceps, nem torcicolo por causa da virada de página. Candidatemo-nos ao troféu esforço e aposentemos o velho hábito de preguiças grávidas.

Encontrava-me em um grupo de estudos cujo assunto em debate era o cérebro, quando um dos companheiros fez a seguinte indagação:

Será que os espíritos inferiores podem ler o nosso pensamento?

Primeiro ouvimos a opinião de um psiquiatra presente. Dividiu o cérebro em três zonas, falou do id, emoções, humores..., mas terminou sem confirmar ou negar coisa alguma. Deixou-nos embrulhados com o seu nem sim nem não, muito pelo contrário. Um outro citou André Luiz, (*No mundo maior*) dividindo igualmente o cérebro em três andares: superconsciente, consciente e inconsciente, e depois de longa exposição, não nos forneceu resposta adequada. Instado a responder, propus averiguarmos *O Livro dos Médiuns*, no qual lembrava-me de ter lido algo a respeito. Acabamos por descobrir que a resposta se encontra no capítulo XXVI ("Perguntas que se podem fazer"). Lá a palavra fácil, sóbria e sem aparatos de Kardec elucidava: "Verificamos que muito frequentemente o espírito responde por antecipação a certas perguntas, o que prova que já as conhecia." Quando terminei a leitura, a grita foi geral.

Os bons espíritos podem ler, mas nós estamos querendo saber é se os espíritos inferiores podem ler os nossos pensamentos, entoou o coro na sala.

Esperem um pouco, apressei-me. Ainda não li a nota de rodapé escrita por Herculano Pires:

"Pode-se argumentar que o espírito antecipa as respostas porque tem a faculdade de ler o pensamento do interrogante, no próprio momento da sessão. Mas não se deve esquecer que Kardec se apoiava numa larga e intensa experiência, durante a qual observara e ouvira mesmo dos espíritos que eles haviam assistido à elaboração das perguntas. Por outro lado, nem todos os espíritos estão em condições de ler o pensamento dos interrogantes."

– Esse Kardec vale por uma enciclopédia – comentou alguém que já não lembro quem seja.

– Pena que seja tão pouco estudado – arrematei.

Não se deve entender pelo trabalho senão as ocupações materiais?

Não. O espírito trabalha como o corpo. Toda ocupação útil é um trabalho.

O Livro dos Espíritos
Allan Kardec (pergunta 675)

O TRABALHO NOTURNO

COMO GRUPO EMPENHADO em trabalho desobsessivo, estamos conscientes de que esse trabalho continua durante o sono físico. São resgates, doutrinações, treinamentos, cursos, passes em enfermos...

Mas houve uma semana em que alguns de nós estivemos ausentes dessa salutar atividade noturna. Presto, os espíritos nos pediram persistência e bom ânimo, para que o trabalho do Cristo não viesse a sofrer interrupções. Como doutrinador, perguntei aos companheiros a razão da ausência de alguns no costumeiro trabalho durante o repouso do corpo. Não souberam responder, visto manterem-se firmes no propósito de acertar, frente aos compromissos assumidos. Resolvi então dialogar com o dirigente espiritual, que elucidou:

– Alguns médiuns estão acompanhando a série que a televisão está mostrando (Holocausto) e como a mesma apresenta cenas muito fortes e violentas, eles vão dormir com tais cenas registradas na mente, dificultando o trabalho.

– Mas isso é suficiente para a baixa no trabalho? – insisti.

– Vão dormir tarde. Impressionam-se com os episódios e dificultam o desdobramento na hora aprazada. Outros, curiosos quanto ao desfecho dos acontecimentos, ficam a discutir ou saem em busca dos locais das ocorrências, pensando identificar-se com algum personagem. Ocorre, ainda, que lembranças podem aflorar do inconsciente de alguns, por causa do filme, que funciona como indutor na evocação de vidas passadas. Falo em tese. Contudo, a violência do filme desencadeia certo desalinho emocional nos médiuns que ainda não conseguem desligar-se do que assistiram ao ir para o leito. Vocês já sabem como proceder: deitar, orar, mentalizar todo o grupo unido, colocando-se à disposição para o trabalho de Jesus. Chamo ainda a atenção dos irmãos para as leituras indevidas, conversações fúteis e inoportunas e o excesso de alimentação carnívora, fator que dificulta o desdobramento. Todo esse conjunto de ocorrências pode estar dificultando a saída do trabalhador, ou o seu encontro com a equipe espiritual que vem recolhê-lo. Coragem irmãos! Lembremo-nos do sábio conselho de Paulo quando afirma que tudo nos é lícito, mas nem tudo nos convém. Estreitamos mais a conversação com alguns médiuns nos dias seguintes, e notamos que um deles passou a interessar-se pela história dos judeus nos tumultuados dias da Alemanha nazista, deixando de lado os estudos espíritas, ainda que momentaneamente. Outro nos disse que durante o sono continuava a sonhar com as cenas do filme. Um terceiro me confidenciou estar abusando da carne por ter recebido o décimo terceiro salário...

– Como!? Você não sabe que devemos evitar o excesso desse alimento, pelos fluidos pesados de que ele é portador?

– Mas eu acho que não fiz tanto mal assim!

– Por quê? – indaguei.

– Foi uma carnezinha de segunda, mais pele que carne, que tem fluidos muito mais fracos que a de primeira.

Demos boas risadas, mas conscientes de que o errado não deveria repetir-se. Ao final, disse-lhe:

– Amigo, de hoje em diante você vai me prometer nem sequer olhar para uma vaca no dia da reunião.

- Nem para os cascos, que não se come?

- Nem para os chifres, para não evocar lembranças de reencarnações passadas. É! Compromisso assumido deve ser compromisso cumprido!

Este deve ser o pensamento do trabalhador, cujo esforço o credencia a perseverar até o fim, com o que será salvo, segundo afirmativa de Jesus.

...ência e bom ânimo, para que o trabalho de Cristo não viesse a sofrer interrup...

...nos compreendermos a razão da ausência de alguns no costumeiro trabalho durante...

...responder, visto manterem-se firmes no propósito de acertar, frente ao...

...então dialogar com o dirigente espiritual, que elucidou:

...a série que a televisão está mostrando (Holocausto) e como a...

...violentas, eles vão dormir com tais cenas registradas na mente, dificultando...

...para a fuga ao trabalho? – insisti.

...preocupam-se com os episódios e dificultam o desdobramento na hora apropriada...

...dos acontecimentos, ficam a discutir ou sonhar em busca dos locais dos ocorridos...

...com alguns personagens. Ocorre, ainda, que lembranças podem aflorar do incons...

...que funciona como indutor na evocação de vidas passadas. Falo em tese. Con...

...provoca certo desalinho emocional nos médiuns que ainda não conseguem distinguir...

...porte. Vocês já sabem como proceder: deitar, orar, mentalizar todo o grupo...

...para o trabalho de Jesus. Chamo ainda a atenção dos irmãos para as leituras...

...espirituais e o excesso de alimentação carnívora, fator que dificulta o desdobramento...

...carne pode estar dificultando a saída do trabalhador, ou o seu encontro com a e...

...Coragem irmãos! Lembremo-nos do sábio conselho de Paulo quando afirma...

...nos cumprimentar. Estreitamos mais a conversação com alguns médiuns nos dias...

...passou a interessar-se pela história dos judeus nos tumultuados dias da Alemanha...

...estudos espíritas, ainda que momentaneamente. Outro nos disse que durante o seu...

...do filme. Um terceiro nos confidenciou estar abusando da carne por ter recebido...

...que deveriam evitar o excesso desse alimento, pelos fluidos pesados de que...

...Faz tanto mal assim!

...da segunda, mas pela carne, que tem fluidos muito mais fracos que a...

...mos conscientes de que o errado não deveria repetir-se. Ao final, disse-lhes...

... Há duas espécies de afeições: a do corpo e a da alma e, frequentemente se toma uma pela outra. A afeição da alma, quando é pura e simpática, é durável, a do corpo é perecível. Eis porque frequentemente, aqueles que creem se amar, com um amor eterno, se odeiam quando a ilusão termina.

O Livro dos Espíritos
Allan Kardec (final da resposta 939)

SEMPRE O AMOR

A PALAVRA AMOR nos dias de hoje, possui uma vasta aplicação teórica que a vulgariza e a torna desgastada, de difícil caracterização no que toca à sinceridade de quem a usa. Amar significa doar-se. Doar do que tem e sobretudo de si mesmo. Aprendeu a amar aquele que frequentou e foi aprovado na escola da renúncia, da paciência e do perdão. Hoje, os que dizem amar pretendem possuir, impor diretrizes, cercear ideais. Temos o que retemos e retemos aquilo a que franqueamos liberdade. Amar ao próximo constitui tal raridade nos dias atuais, que quando surge alguém mais fraterno, logo é rotulado de puxa-saco, ou colocado entre aqueles que buscam vantagens pessoais pela bajulação. Dias há em que encontramos dificuldade em amar até aos amigos, imaginem aos inimigos, como aconselha o Evangelho. O amor doação é conquista rara de raros espíritos, que renunciam a si próprios e seguem limpando chagas e enxugando lágrimas pelo vale dos aflitos. Quem diz amar e ausenta-se da disciplina, não ama. Quem se diz amoroso e não se faz de enfermeiro, não ama. Ama aquele que, reconhecendo-se frágil, faz-se forte para amparar a enfermidade. É comum ouvirmos jovens, em confidências, dizerem:

– Eu te amo!

No entanto, não resistem por um mês ao teste da convivência.

O exemplo maior dessa virtude é Jesus. Se Kardec foi o bom-senso encarnado, Jesus foi o amor encarnado, clarificando com a sua luz gloriosa as nossas trevas espirituais. "Amai-vos uns aos outros como eu vos amei." Eis a receita para a felicidade neste mundo. Quase dois mil anos passados e o homem ainda não conseguiu adaptar-se a este mandamento, preferindo o "armai-vos uns aos outros". Quando nos amaremos? Talvez a dor seja a única mestra a saber de tais perspectivas.

Em um desdobramento ocorrido em reunião de desobsessão com o objetivo de resgatar espíritos em dificuldades, a médium se deslocou, com a ajuda de dois irmãos desencarnados, a uma região pantanosa e escura. Eis o seu relato:

- A região é muito escura. Os espíritos colocaram uma tocha em uma árvore ressequida. Nessa árvore não há nenhuma folha. Um dos irmãos me dá uma espécie de cajado e me manda entrar na lama com ele. Explica que a operação de resgate depende mais de mim, do que dele próprio. Começo a movimentar o cajado na lama, como a procurar algo que eu nem sei o que é... O cajado está preso, como se alguém o segurasse. Ele me diz:

- Puxe!

- Meu Deus! É um espírito! Ele estava sob a lama. Seu aspecto é horrível! Sinto como se algo me prendesse a esse irmão. Nós o levamos para a margem. Os irmãos vão encostá-lo em mim. É como se eu tivesse que doar oxigênio para uma pessoa que precisa desesperadamente respirar.

Terminado o atendimento, a médium perguntou por que dependia tanto dela aquele resgate. Foi esclarecido que em vida passada, ela usara aquele espírito a seu serviço, ocasião em que o levou a cometer vários deslizes, enlameando-o em vícios. Ela, através de reencarnações dolorosas e conscientização centralizada no esforço de subida, conseguiu sair daquele lamaçal. Ele continuava caído e sem forças. O sucesso do resgate dependia dela, do seu grão de amor já conquistado. Se esse grão não tivesse embotado, o bastão encontraria o seu antigo servo, que seria atraído pelas vibrações que dela emanariam, efetuando-se o resgate.

Não quis entrar em detalhes. A médium estava chorando. A emoção costuma fazer ponto final, quando nenhuma palavra consegue expressar a realidade, muitas vezes indecifrável, de um coração que ama.

... que alguns que nos escutavam ...

... constância e boa ânimo, para que o trabalho do Cristo não viesse a sofrer interru...

... compreenderemos a razão da ausência de alguns no costumeiro trabalho duran...

... responder, visto manterem-se firmes no propósito de acertar, frente aos ...

... então dialogar com o dirigente espiritual, que elucida:

... acompanhando a série que a televisão está mostrando (Holocausto) e, como a ...

... e violentas, eles vão deparar com tais cenas registradas na mente, dificultan...

... para a busca no trabalho? – insisti.

... episódios e dificultam o desdobramento na hora aprazad...

... acontecimentos, ficam a divagar no sono em busca dos locais dos acontec...

... alguns personagens. Ocorre, ainda, que lembranças podem aflorar de acon...

... que funcionam como indutor na evocação de vidas passadas. Falo em tese. Com...

... certo desalinho emocional nos médiuns que ainda não conseguem desliga...

... Vocês já sabem como proceder: deitar, orar, mentalizar todo o grupo em ...

... para o trabalho de Jesus. Chamo ainda a atenção dos irmãos para os fatores ...

... o excesso de alimentação carnívora, fator que dificulta o desdobram...

... pode estar dificultando a saída do trabalhador, ou o seu encontro com a e...

... Coragem irmãos! Lembremo-nos do sábio conselho de Paulo quando afirm...

... nos convém. Estreitamos mais a conversação com alguns médiuns nos dias s...

... a interessar-se pela história dos judeus nos tumultuados dias da Alemanh...

... espíritas, ainda que momentaneamente. Outro nos disse que durante o sono ...

... Um terceiro me confidenciou estar abusando da carne por ter recebi...

... que devemos evitar o excesso desse alimento, pelos fluidos pesados de q...

... foi tanto mal assim!

... de segunda, mais pela que carne, que tem fluidos muito mais fracos que a ...

... mais conscientes de que o errado não deveria repetir-se. Ao final, disse-lhe...

Outro meio que pode também contribuir poderosamente para o desenvolvimento da faculdade consiste em reunir um certo número de pessoas, todas animadas do mesmo desejo e da mesma intenção. Todas guardando absoluto silêncio, num recolhimento religioso, simultaneamente experimentam escrever, apelando cada qual ao seu anjo guardião ou a algum espírito simpático. Uma delas pode também fazer, sem designação especial e por todos os membros da reunião, um apelo geral aos espíritos bons, dizendo, por exemplo: Em nome de Deus todo-poderoso rogamos aos bons espíritos que se dignem comunicar-se pelas pessoas aqui presentes. É raro que entre elas não haja algumas que deem prontamente sinais de mediunidade ou mesmo escrevam de maneira fluente em pouco tempo.

O Livro dos Médiuns
Allan Kardec (cap. XVII - tomo 207)

O MÉDIUM DIAMANTE

AO INICIAR O treinamento de uma nova equipe de médiuns, recém-ingressos na educação mediúnica, notei, no primeiro dia da reunião, inúmeras arestas a serem modeladas nos dias subsequentes. Ao final do primeiro mês de treinamento, percebi que um dos médiuns o havia abandonado, talvez em razão da rígida disciplina que procuramos cultivar, indo procurar um outro centro, mas retornando ao nosso convívio posteriormente. Um segundo acostumara-se a orar baixinho, quebrando o silêncio do ambiente com leves assobios. Um terceiro alternava-se em presenças e faltas, e um quarto geralmente dormia com muita facilidade, após a penumbra invadir a sala.

Iniciei a quinta reunião do grupo falando sobre os diversos tipos de mediunidade. Após exposição séria e compenetrada de trinta minutos, comentei:

- Existem outros tipos de médiuns, ainda não catalogados nos estudos doutrinários. O médium macaco: É o irmão que não se contenta com as normas disciplinares de determinado centro, e fica sempre à procura de um outro. Como o problema não é do centro, e sim dele, não consegue adaptar-se a lugar nenhum, ficando a pular de galho em galho, até que um deles não lhe suportando o peso, o faça aterrissar, acordando-o. O médium passarinho: É aquele que ainda não aprendeu a orar mentalmente, sentindo a necessidade de pronunciar as palavras da oração, emitindo sons e silvos, que embora baixinhos, prejudicam a concentração dos demais companheiros. O médium bate-fofo: É aquele com cuja presença não se pode seguramente contar. Ele arranja sempre um pretexto para ausentar-se da reunião, dificultando o seu próprio aprendizado. O médium sonolento: Eu disse sonolento e não sonambúlico. Este, aproveitando a música e a penumbra, gosta de tirar uma soneca, dizendo-se desdobrado.

Eu ia continuar, quando um dos companheiros me fez a seguinte indagação:

- E o doutrinador? Não pode ter nenhuma mediunidade?

- Não é aconselhável. Somente a intuição - respondi.

- Mas acabo de detectar um tipo de mediunidade no senhor.

- Em mim? Qual? - perguntei surpreso.

- O senhor é médium tesoura, pois não nos tem poupado nas falhas que apresentamos.

- Peço desculpas pelas tesouradas e agradeço a crítica benéfica que me fez, possibilitando-me identificar a sua mediunidade.

- Minha? Mas não sou médium! Sou apenas passista.

- Engana-se, amigo! Você é médium, e sua mediunidade possui inestimável valor. É médium diamante.

- Diamante?!

- Sim! A única coisa que pode cortar uma tesoura.

Foi um momento de descontração, necessário às vezes para quebrar o gelo...

O espírito que anima o corpo de uma criança é tão desenvolvido quanto o de um adulto?

Pode ser mais, se mais progrediu, não são senão os órgãos imperfeitos que o impedem de se manifestar. Ele age de acordo com o instrumento, com a ajuda do qual pode se manifestar.

O Livro dos Espíritos
Allan Kardec (pergunta 379)

A VIDA POR UM PASSARINHO

NINGUÉM TEM MAIS amor do que aquele que dá a vida pelo seu irmão. Essa foi a lição que Lucinha, espírito desencarnado que nos auxilia nas reuniões de desobsessão, veio a nos ensinar, quando a atendemos em movimentada noite de socorro aos necessitados. A princípio, foi uma comunicação como outra qualquer. Uma criança de oito anos, que levara um tiro, desencarnando pela violência do petardo. Mas, à proporção que ela contava a sua história, eu me emocionava num crescendo, a tal ponto de quase ver, ou melhor, ver pelos olhos da mente, a cena que a transportou para o mundo dos espíritos, onde se ambientou logo nos primeiros dias. Disse-me ela:

– Tio! Eu amo as árvores, as flores, o céu, eu amo as pessoas e os bichos. Amo porque sei que tudo foi feito por Deus, e como aprendi que Deus é amor, vejo Deus em todas as coisas. Sabe, tio! Aquele homem ia matar o passarinho, mas ele não podia fazer aquilo. Um passarinho embeleza o mundo. O passarinho ama as plantas e canta tão lindo! Eu não podia deixar aquele homem matar o passarinho. Ele podia ter filhotinhos que estavam esperando por ele. Então eu corri, e o tiro pegou aqui no meu peito, e ficou queimando. Então aquele médico me trouxe para falar com o senhor.

Hoje Lucinha trabalha conosco. Ensina às crianças que recolhemos, que o amor é a única força capaz de reverter a dor em calma, a angústia em esperança, o desespero em paz. Quando os enfermos se apresentam para atendimento, eis que Lucinha entrega uma rosa para cada um. Lê páginas de reconfortantes mensagens, lembra Jesus, o médico divino, que prescreve o amor como infalível remédio para os males da alma. Quando o vingador, o obsessor se apresentam rancorosos, Lucinha é avistada orando por eles, ofertando-lhes flores, lembrando esta ou aquela virtude que possuem, soterrada pelo entulho da rebeldia. Quando algum médium está desmotivado, depressivo, o recado é instantâneo, parecendo até que ela nos segue sempre vigilante, para que a tristeza e o desânimo não nos armem tocaias, desgastando-nos as energias. Invariavelmente o seu recado é sobre o amor.

– Quem ama não tem tempo para ser infeliz – diz sempre.

Às vezes, espíritos maldosos agridem-na verbalmente, como retribuição a seus recados amorosos.

– Esses são os que mais precisam de amor – é a conclusão que ela tira do desamor.

E quando fora do centro, palmilhando o cotidiano, avisto agressões generalizadas entre irmãos, agressões à natureza, à vida, lembro da menina que deu a vida por um passarinho, e que me diz sempre:

– O amor não tem outras razões. Só o que ele quer e faz é amar.

Os espíritos influem sobre os nossos pensamentos e nossas ações?

A esse respeito sua influência é maior do que credes porque frequentemente são eles que vos dirigem.

O Livro dos Espíritos
Allan Kardec (pergunta 459)

ACONSELHAMENTO

QUANDO INGRESSEI NO espiritismo, ainda jovem, jamais imaginei que um dia viesse a ser doutrinador, ao qual prefiro chamar de "esclarecedor". Sempre participei de grupos mediúnicos, como elemento de vibração, perseverando nos estudos filosóficos e científicos da doutrina. Um dia, o doutrinador do grupo de que eu participava foi transferido para outro Estado, e o dirigente espiritual, manifestando-se, disse-me:

– De hoje em diante você será o doutrinador! Você foi preparado para isso.

– Eu? Quando? – perguntei.

– Aqui no plano espiritual. Você está pronto. Ponha a mão no arado e não olhe mais para trás.

– Pois bem! Se estou pronto, alguma recomendação especial?

– Sim! Nesta casa as normas são ditadas por Jesus e por Kardec. A Codificação e o Evangelho devem ser a base de sua doutrinação

– Mais alguma coisa? – insisti.

– O lema do departamento mediúnico que você dirige a partir de agora é "caridade e disciplina". Tome cuidado para que a disciplina não atropele a caridade, e que a caridade não descaracterize, amoleça a disciplina. Isso é o bastante.

A partir desse dia, tenho tentado ser digno da confiança que os espíritos depositaram em minhas mãos, no que tenho sido amparado, inspirado, e muitas vezes, medicado por eles. Passei a estudar mais especificamente a doutrinação. Descobri de imediato que eu seria o alvo favorito de muitos espíritos ignorantes, empenhados em demoradas guerrilhas contra os trabalhadores do bem, por pensarem eles ingenuamente que, atingido o doutrinador, o grupo estaria desfeito e o trabalho interrompido. Habituei-me às ameaças contra a minha pessoa e contra a minha família. Como temê-las se tudo que nos acontece vem por nossas falhas e por anotações prévias em nossa ficha cármica? A minha "ficha", dizem tais irmãos, está em poder de muitas organizações trevosas que, qualquer dia desses, me farão tombar em suas armadilhas. Chamam-me de beato, petulante, imbecil, frangote... e nem sei quantos elogios mais. Enfurecem-se quando lhes digo:

– O mal só nos faz mal se sintonizarmos com ele.

Já fui jurado de morte dezenas de vezes. Contudo, sei que é apenas o desespero que faz com que ajam assim.

Pois bem! Certa feita, uma colega de trabalho acercou-se de mim, dizendo-se muito interessada em conhecer aspectos da doutrina dos espíritos. Passei a explicar-lhe alguns pormenores, mas sempre surgiam mais e mais dúvidas, com o que eu me desdobrava em esquemas e conceitos. Passado um mês, os sutis sinais da intuição começaram a piscar intensamente. Passei a sentir certa piedade dela, pois tentava me envolver com um laço afetivo, ligação essa que a consciência me lembrava a todo instante que era preciso desfazer. Fiquei temeroso de ser indelicado e perder a amiga, que, na verdade, estava sendo teleguiada para fazer-me tropeçar. Mas, ao mesmo tempo, sentia-me envaidecido por ser alvo das "delicadezas" daquela mulher, indeciso sobre continuar ou cessar com as elucidações que já se desviavam para o campo das emoções e do individualismo.

Ao deitar-me, pedi aos irmãos do plano espiritual uma conversa particular para solucionar o problema. Na realidade, eu sabia como, mas achava-me sem forças. Não sei o que conversei. Sei apenas que acordei às duas horas da manhã, com uma nítida ordem na mente:

- Escreva!

E escrevi:

"Leia todos os dias durante toda esta semana:

1. SUBSTITUA: Você tem o seu estudo.

2. DESVIE: Você tem dois filhos.

3. CUIDE-SE: Você dirige um departamento mediúnico.

4. CONFIE: você tem inúmeros amigos.

5. ESQUEÇA: você deve concentrar-se em seu trabalho.

6. DISCIPLINE-SE: você é o espelho de muitos.

7. RENUNCIE: você sabe que a coroa da vida exige esse ornamento.

8. AME: você precisa compreender que muitos esperam pelo seu amor.

9. AGUARDE: você precisa ter paciência e esperar os frutos do seu esforço.

10. ORE: você já entendeu que não existe problema que resista à terapia do trabalho e da oração."

No outro dia, amanheci com rubéola. Passei uma semana com febre e alimentando-me mal. Emagreci. Quando a avistei, ela deve ter-me achado feio, barbado, magricela, pois perdeu a curiosidade pelo espiritismo...

Hoje somos bons amigos. Continuo espírita e ela permaneceu com todos os dogmas a que tem direito, católica.

[illegible] a boa ânimo, para que o trabalho do Cristo não viesse a sofrer interru[illegible]

[illegible] compreendermos a razão da ausência de alguns ao costumeiro trabalho duran[illegible]

[illegible] responder, visto manterem-se firmes no propósito de acertar, frente [illegible]

[illegible] dialogar com o dirigente espiritual, que elucidou:

[illegible] a série que a televisão está mostrando (Mahabharata) [illegible]

[illegible] eles vão deitar com tais cenas registradas na mente, [illegible]

[illegible] a busca no trabalho? — insisti.

[illegible] com os episódios e dificultam o desdobramento [illegible]

[illegible] acontecimentos, ficam a discutir ou saem em busca dos locais [illegible]

[illegible] personagens. Ocorre, ainda, que lembranças podem aflorar [illegible]

[illegible] funciona como indutor na evocação de vidas passadas. Fala em tese. [illegible]

[illegible] desalinho emocional, nos médiuns que ainda não conseguem [illegible]

[illegible] Vocês já sabem como proceder: deitar, orar, mentalizar [illegible]

[illegible] trabalho de Jesus. Chamo ainda a atenção dos irmãos para [illegible]

[illegible] o excesso de alimentação carnívora, fator que dificulta o desdobramento [illegible]

[illegible] pode estar dificultando a saída do trabalhador, [illegible]

[illegible] Coragem irmãos! Lembramo-nos do sábio conselho de Paulo [illegible]

[illegible] Estreitamos mais a conversação com alguns médiuns [illegible]

[illegible] a interessar-se pela história dos judeus nos tumultuados dias de Alexandr[illegible]

[illegible] ainda que momentaneamente. Outro nos disse que [illegible]

[illegible] Um terceiro nos confidenciou estar abusando da carne por ter [illegible]

[illegible] que devemos evitar o excesso desse alimento, pelos fluidos pesados [illegible]

[illegible] faz tanto mal, assim!

[illegible] da segunda, mais pela que carne, que tem fluidos muito mais fracos que [illegible]

[illegible] conscientes de que o errado não deveria repetir-se. Ao final, [illegible]

Qual seria o médium que poderíamos considerar perfeito?

Perfeito? É pena, mas bem sabes que não há perfeição sobre a Terra. Se não fosse assim, não estarias nela. Digamos antes bom médium, e já é muito, pois são raros. O médium perfeito seria aquele a que os maus espíritos jamais ousassem fazer uma tentativa de enganar. O melhor é o que, simpatizando somente com os bons espíritos, tem sido enganado menos vezes.

O Livro dos Médiuns
Allan Kardec (cap. XX - tomo 226)

O MÉDIUM MENOS IMPERFEITO

PARA MIM, ELA era uma médium perfeita. Muitos anos de prática e estudos mediúnicos, aliados a uma sólida moral evangélica, me faziam assim acreditar. Ao dar passividade, fosse o espírito comunicante um enfermo, um suicida, um obsessor, um pseudossábio... a educação mediúnica ali se expressava, em forma de controle da mensagem e da ação de quem a usava como instrumento de comunicação. Nada de gritos, de fungados, de gestos agressivos, de pancadas sobre a mesa. Minha atitude para com ela era de inteira confiança, razão pela qual afrouxava um pouco a vigilância no tocante ao uso da crítica sincera e no emprego do bom-senso ao avaliar as suas comunicações.

Um dia, comunicou-se através dela um companheiro com todas as características de real necessitado.

– Ajude-me, por favor! Faça-me uma caridade!

Acorri com passes e palavras de esperança para o irmão, que apesar da ajuda emergencial, continuou seus lamentos de doente grave. Fiz uma prece a Jesus, solicitando, na medida da urgência, da necessidade e do seu merecimento, alívio para aquele sofredor. Voltei a dialogar com ele, lembrando-lhe preceitos evangélicos que lhe incutissem um pouco de esperança e otimismo.

Caiu na gargalhada.

– Eu não disse que um dia te enganava? Peguei dois bobos de uma só vez. E continuou a zombar. Onde a médium perfeita? Vocês são todos uns patetas! Estou gozando de muita saúde!

– Você tem razão quando nos lembra a nossa imperfeição. Contudo, somos imperfeitos à procura da perfeição. E pobre de você, que é imperfeito e se compraz na imperfeição. Não nos enganou por completo. Enganou mais a si mesmo, pois que se julga saudável, quando está doente, carregando dores atrozes.

– Doente? Eu? Estou é vendendo saúde.

– É o que pensa! Vejo que seu coração se acelera, começa a suar frio. Breve sentirá forte aperto nas têmporas. A dor é inevitável nesses casos. (Através de sugestão e de um pedido mental, solicitei aos dirigentes espirituais que, por meio de técnicas hipnóticas e de magnetismo, o levassem a sentir-se realmente doente).

Começou ele a sentir tremenda pressão na cabeça.

– Seu bruxo! – disse-me, já demonstrando os sintomas da doença que lhe sugerimos ser portador.

– Aí está o resultado de sua gracinha, meu amigo. Engana a si próprio, pensando-se saudável. A verdade é que somos todos doentes, precisando do médico divino que é Jesus.

Terminada a reunião, conversei com a médium. O comunicante apresentara-se com o perispírito chagado e a aparência debilitada, o que lhe imprimira o aspecto doentio, encenação armada com a sua mente. Para melhor enganar a médium ele atraíra a si fluidos característicos de doentes, utilizados que foram a posteriori pelos dirigentes da casa para mostrá-lo enfermiço.

Em resumo: ele era doente como a maioria de nós, mas não daquela doença que aparentava possuir.

- Ele foi um bom ator, e eu, uma médium que ainda não aprendeu o necessário - concluiu a trabalhadora.

Durante o sono físico, reunimo-nos em grupo para estudar o caso. (Alguns de nós lembramo-nos do sonho no dia seguinte). Novamente o espírito mistificador foi trazido, e sentindo ainda as dores que julgava ter, caiu por terra em convulsões.

Disse-lhe então o espírito dirigente dos trabalhos:

- Lá você mistificou! Aqui o caso é diferente. Aqui só a verdade prevalece, firma-se e é eterna.

Voltei então à prática costumeira de observar atentamente as comunicações, como aconselhou o mestre Kardec. Analisar criteriosamente, independente de quem seja o médium ou o comunicante, pois perfeição ainda é algo que os séculos estão preparando, na fornalha do tempo, para a Terra do futuro.

para que o trabalho de Cristo não viesse a sofrer

compreendermos a razão da ausência de alguns no costumeiro trabalho

mantivessem-se firmes no propósito de acertar, frente aos

dialogar com o dirigente espiritual, que elucidou:

acompanhando a série que a televisão está mostrando (holocausto)

eles vão deitar com tais cenas registradas na mente, dificultando

trabalho

e dificuldade e desdobramento

dos acontecimentos, ficam a discutir ou sonhar em busca dos locais

pessoas. Ocorre, ainda, que lembranças podem aflorar

na evocação de vidas passadas. Fale em tese.

desatino emocional nos médiuns que ainda não conseguem

Vocês já sabem como proceder: deitar, orar, mentalizar

o trabalho de Jesus. Chamo ainda a atenção dos irmãos para as leituras

e o excesso de alimentação carnívora, fator que dificulta o desdobramento

pode estar dificultando a saída do trabalhador, ou o seu encontro com a

Coragem irmãos! Lembremo-nos do sábio conselho de Paulo quando

Estreitamos mais a conversação com alguns médiuns nos dias

a interessar-se pela história dos judeus nos famigerados dias de

dos espíritos, ainda que momentaneamente. Outro nos disse que durante o

Uma terceira nos confidenciou estar abusando da carne por ter

que deveríamos evitar o excesso desse alimento, pelos fluidos pesados

faz tanto mal, assim!

de segunda, mas pela que carne, que tem fluidos muito mais fracos que

mais conscientes de que o errado não deveria repetir-se. Ao final, disse-lhe

A quantidade de fluido vital se esgota, pode vir a ser insuficiente para manter a vida se não se renova pela absorção e assimilação de substâncias que o contêm. O fluido vital se transmite de um indivíduo para outro. Aquele que tem o bastante, pode dá-lo àquele que tem pouco e, em certos casos, restabelecer a vida prestes a se apagar.

O Livro dos Espíritos
Allan Kardec (complemento da pergunta 70)

O PASSE

É IMENSA A quantidade de pessoas que adentram a casa espírita em busca do passe. São necessitados do corpo e do espírito que, através dessa terapia, conseguem recuperar-se quando, paralelamente ao tratamento, empreendem o esforço benéfico a favor de si próprios, compreendendo que as doenças do corpo reclamam, como agentes causadores, os males do espírito, patogenia esta de urgente medicação. Há, porém, aqueles que julgam que os espíritos e os espíritas devam atuar como serviçais a seu favor, ministrando-lhes passes a mancheias, enquanto se deleitam nos prazeres e pseudonecessidades para seus corpos. Estão em constantes recaídas, sempre cansados, doentes, e se não há dores ostensivas, inventam-nas, como justificativa para sua permanência nas hostes dos que querem manter cadeiras cativas na sala de passes. Às vezes são irmãos que procedem de outras religiões, ainda eivados de seus preceitos, os quais procuram amoldar ao corpo doutrinário que ora buscam entender.

Com frequência os observo. Aqui, um nem sequer sabe o que é o passe: qual a sua finalidade, como se processa, como deve postar-se para recebê-lo. Ali, outro desacredita no passe coletivo, preferindo crer que necessita de um passista à sua guarda, que o seu problema requer especificidade magnética compatível com o seu drama. Alhures, terceiros julgam, ainda, que existem passistas cujos passes são mais fortes, mais energéticos, dando-lhes preferência, abrindo, assim, concorrências na seara espírita, qual mercadejadores dos bens divinos.

Apesar do lembrete para manterem-se receptivos durante a aplicação da terapia, receptividade essa que depende da oração e da ação anterior ao fato, há os que se sentam nos primeiros lugares quando chegaram por último, desrespeitando a ordem de atendimento; os que esperam a sua vez reclamando da morosidade dos trabalhos; os que ficam a lembrar essa ou aquela falha do orador da noite, e por incrível que pareça, aqueles que chegam de táxi; o motorista fica esperando, e eles sobem para receber apressadamente o seu "passe". Em tão variada clientela não poderiam estar ausentes os que buscam esse tratamento porque estão desempregados, para livrarem-se de ciúmes, afastar urucubacas e outras milongas mais. Já tenho assistido a companheiros cheirando a cerveja e, porque não dizer, a outros que procuram o passe por estarem "carregados", como se o passista fosse o seu carreteiro e o centro espírita o seu armazém. Apesar de ampla campanha de esclarecimento verbal sobre o passe, levada a efeito pelo nosso grupo espírita, já ministrei o passe a um irmão cujo único problema sério era a falta de dinheiro.

Disse-lhe:

– É o meu também. Isso o passe não resolve. Mas vamos orar para que Jesus possa lhe dar forças para continuar buscando um emprego.

Somos em grande maioria raquíticos na fé, anêmicos na oração e na vigilância. Buscai em primeiro lugar o reino de Deus e a Sua justiça e tudo o mais vos será dado como acréscimo. Eis um conselho pouco seguido e raramente lembrado no reino da acomodação. Os súditos desse reinado apenas balbuciam, no capítulo da oração, o Pai Nosso, detendo-se demoradamente no "venha a nós".

E foi para minorar tais ocorrências que, em conjunto com os amigos espirituais, elaborei e transcrevi, em cartaz a ser lido no período que antecede a aplicação do passe, noções preliminares de comportamento, como preparação para o evento.

Observações sobre o passe

1. O passe é uma doação de energia, de fluidos balsamizantes e curativos com efeitos benéficos a quem o recebe.

2. Mas para beneficiar-se com ele, é necessário que se esteja receptivo, em oração sincera. Caso contrário, haverá uma dispersão de fluidos, com consequente diminuição ou ausência de tais benefícios. Enquanto aguarda o passe, mantenha-se em silêncio e oração.

3. *Ao sentar-se na cadeira esteja confiante. Eleve seus pensamentos a Jesus e, em prece silenciosa, busque o auxílio que deseja.*

4. O passista não irá tocá-lo, a não ser que você demonstre sinais de incorporação. Mantenha-se calmo e evite respirações profundas, tremores exagerados, fungados ou outros procedimentos inadequados. Se você está com problemas obsessivos (perseguição por espíritos) ou com mediunidade deseducada (transmitindo comunicações sem controle), fale antes com o passista, pois o seu passe será específico, no final da reunião.

5. *Não tenha preferência ou faça distinção entre os passistas. Todos estão habilitados a atendê-lo com segurança, e, de acordo com o seu merecimento e a sua fé, o alívio não lhe faltará. Lembre-se de que Deus ama a todos os Seus filhos indistintamente, mas prescreve que a cada um seja dado conforme as suas obras.*

Essas observações foram expostas em cartaz na parede do centro, e muito têm auxiliado na prática de tão importante terapia.

[illegible] que alguns de [illegible]

[illegible] e bons [illegible], para que o trabalho de Cristo não viesse a sofrer [illegible]

[illegible] compreendermos a razão da ausência de alguns no costumeiro trabalho [illegible]

[illegible] responder, visto mantiveram-se firmes no propósito de acertar, [illegible]

[illegible] dialogar com o dirigente espiritual, que elucidou:

[illegible] a série que a televisão está mostrando (Holocausto) [illegible]

[illegible] violentas, eles vão dormir com tais cenas registradas na mente. [illegible]

[illegible] trabalho? – [illegible]

[illegible] os episódios e dificultam o desdobramento [illegible]

[illegible], ficam a discutir ou saem em busca dos locais das [illegible]

[illegible] personagens. Ocorre, ainda, que lembranças podem aflorar [illegible]

[illegible] na evocação de vidas passadas. [illegible]

[illegible] desdobramento emocional nos médiuns que ainda não conseguem [illegible]

[illegible] já sabem como proceder: deitar, orar, mentalizar [illegible]

[illegible] trabalho de Jesus. Chamo ainda a atenção dos irmãos para os [illegible]

[illegible] excesso da alimentação carnívora, fator que dificulta o [illegible]

[illegible] pode estar dificultando a saída do trabalhador, ou o seu encontro com o [illegible]

[illegible] Lembramo-nos do sábio conselho de [illegible]

[illegible] Estreitamos mais a conversação com alguns médiuns [illegible]

[illegible] interessar-se pela história dos judeus nos [illegible]

[illegible] ainda que momentaneamente. Outro nos disse que [illegible]

[illegible]. Um terceiro nos confidenciou estar abusando da carne por [illegible]

[illegible] que devemos evitar o excesso desse alimento, pelos fluidos pesados [illegible]

[illegible] tanto mal, assim!

[illegible] da segunda, mas pela que come, que tem fluidos muito mais fracos que [illegible]

[illegible] conscientes de que o errado não deveria repetir-se. Ao final, disse-lhe [illegible]

Temos pensamentos que nos são próprios e outros que nos são sugeridos?

Vossa alma é um espírito que pensa. Ignorais que vários pensamentos vos alcançam, ao mesmo tempo, sobre o mesmo assunto e, frequentemente, bem contrários uns aos outros; então, há sempre de vós e de nós e é isso que vos coloca na incerteza, posto que tendes em vós duas ideias que se combatem.

O Livro dos Espíritos
Allan Kardec (pergunta 460)

A INDUÇÃO

A REGRA BÁSICA aplicada a todo e qualquer processo obsessivo é a sintonia. Nenhum mal há que nos atinja se com ele não estivermos comprometidos através de uma sintonia passada ou atual. Ao espírita, que já possui o conhecimento deste mecanismo, cabe fortalecer-se no trabalho e na oração, pois sabido é que, no trabalho do bem, somos mais facilmente encontrados pelos mensageiros da esperança. Trabalhar mais e sempre deve ser o lema do seguidor de Cristo, mesmo porque a ferramenta esquecida dificilmente consegue divorciar-se da ferrugem. Esse é o segredo da fortaleza espiritual. Trabalho e oração constituem a locomotiva dos vagões da caridade, da vigilância, da renúncia, da abnegação e de tantas outras virtudes, percorrendo a longa ferrovia da evolução sem perigo de descarrilar. Do lado oposto situa-se a fragilidade do espírito que se caracteriza por sua costumeira alergia ao trabalho redentor, procedimento condenado ao fracasso pelas leis soberanas da justiça.

Esse foi o argumento que usei no diálogo com um espírito que estava tentando prejudicar a um outro necessitado, dizendo ele não ser culpado pelo castigo que infligia, pois apenas era um trabalhador a serviço da justiça. Como era um homem de palavra, só se afastaria da missão após concluída a tarefa. Seu trabalho era a magia negra. Fora trazido à reunião no exato momento em que, após haver recolhido areia e cinzas do cemitério, espalhava tais substâncias pela casa e sobre a cabeça da sua vítima, que já sentia perturbadoras queimaduras e coceiras na região citada.

Lembrei-lhe a conveniência de amar a si próprio - já que não se compadecia de sua vítima -, pois a vida sempre traz de volta aquilo que doamos a outrem. Permaneceu inexorável. A pessoa, a quem supliciava, merecia, enfatizava ele. Fizera pior a outras criaturas. Insisti pacientemente, dizendo-lhe que a vida possui meios de alcançar o infrator, no tempo e no espaço, em qualquer estágio de sua evolução, sem a necessidade do seu concurso.

- Está perdendo o seu tempo - disse-me em tom de final de conversa.

Mudei então a tática. Era o momento da energia.

- Pois bem, meu irmão! Queria lhe poupar maiores aflições, retirando essa cinza que caiu em seus olhos, evitando assim queimaduras em sua visão. Você não notou que enquanto espalhava as cinzas, uma porção dela caiu sobre você? Veja como seus olhos estão vermelhos! Seu rosto está coberto de cinzas. Não demora muito e você vai sentir fortes queimaduras.

Ele ficou calado. Dois passistas cobriram-no de fluidos, que, dosados pelos espíritos, técnicos em hipnotismo e em magnetismo, concluíram o trabalho já iniciado pela indução que lhe lancei na mente.

Voltei à carga:

- Sei que você está sentindo um formigamento na pele, mas tenha cuidado principalmente com os olhos. Não esfregue com muita força, pois poderá ficar cego.

Ele não suportou mais. Passou a friccionar os olhos com intenso desespero, arranhando-se em beliscões por todo o corpo. (Fui breve, para não maltratar o médium).

- Eis o que você está causando àquele irmão. Agora que você está provando o seu próprio remédio, já pode me responder: o seu trabalho é bom para você? É bom para os outros?

Permaneceu em silêncio. O sucesso de qualquer empreendimento depende das respostas a essas duas perguntas. Dois sim, significam paz para o espírito. As demais respostas, apenas funcionam como pré-lições para chegarmos à resposta ideal.

Foi retirado em aflitivo turbamento.

[illegible] ciência e bom ânimo, para que o trabalho do Cristo não viesse a sofrer interru[illegible]

[illegible] companheiros a razão da ausência de alguns no costumeiro trabalho durante [illegible] responder, visto manterem-se firmes no propósito de acertar, frente aos [illegible] muito dialogar com o dirigente espiritual, que elucidou:

[illegible] comparando a série que a televisão está mostrando (Holocausto) e como a [illegible] e violentos, elas vão deixar cenas tão cenas registradas no [illegible]

[illegible] a baixa no trabalho? — insistiu.

[illegible] com os episódios e dificultam o desdobramento [illegible] acontecimentos, ficam a discutir ou somam em busca dos locais das [illegible] alguns personagens. Ocorre, ainda, que lembranças podem aflorar [illegible] funcionam como indutor na evocação de vidas passadas. Foi o caso. [illegible] certo desalinho emocional nos médiuns que ainda não conseguem [illegible] Vocês já sabem como proceder: deitar, orar, mentalizar tudo o que [illegible] para o trabalho de Jesus. Chamo ainda a atenção dos irmãos para os [illegible] o excesso de alimentação carnívora, fator que dificulta o desdobramento [illegible] pode estar dificultando a saída do trabalhador, ou o seu encontro com [illegible] Coragem irmãos! Lembremo-nos do sábio conselho de Paulo quando [illegible] Estreitamos mais a conversação com alguns médiuns [illegible] a interessar-se pela história dos judeus nos [illegible] espíritas, ainda que momentaneamente. Outro nos disse que durante [illegible] Um terceiro nos confidenciou estar abusando da carne por ter [illegible]

[illegible] que devemos evitar o excesso desse alimento, pelos fluidos pesados do que [illegible]

[illegible] faz tanto mal, assim!

[illegible] segunda, mais pela que carne, que tem fluidos muito mais fracos que a [illegible] conscientes de que o errado não deveria repetir-se. Ao final, disse-lhe [illegible]

Quando experimentamos um sentimento de angústia, de ansiedade indefinível ou de satisfação interior sem causa conhecida, isso prende-se unicamente a uma disposição física?

É quase sempre, com efeito, comunicações que tendes, inconscientemente, com espíritos, ou que tivestes com eles durante o sono.

O Livro dos Espíritos
Allan Kardec (pergunta 471)

TÉCNICA OBSESSIVA

QUANDO DOIS HOMENS, grupos ou países estão em conflito, cada parte procura descobrir o ponto vulnerável do seu opositor, centralizando ali os esforços que podem romper a barreira defensiva, apossando-se das rédeas da luta, impondo o ritmo exterminador ou punitivo, segundo sejam os objetivos da contenda. Mas, se o adversário reage com a organização de barricadas, modernização de material bélico, com a elevação do moral da tropa, a ofensiva é neutralizada, forçando o inimigo a empreender a retirada em face da bravura com que é enfrentado. Assim é a obsessão. O obsessor estuda o ponto frágil do seu oponente para detectar fissuras morais, tais como o orgulho, a vaidade, a sensualidade, a tendência ao uso de tóxicos...

Vícios? Quem não os tem? Descoberta a brecha, ele aglutina os esforços de que dispõe e, sem a mínima preocupação com qualquer tipo de ética, lança-se sobre o seu inimigo com o ímpeto de mortal torpedo. Mas, se o obsidiado responde com o Evangelho no lar, com a prece sincera, com o desejo de reforma íntima e o trabalho consciencioso, ele consegue reunir monolítica resistência, surpreendendo o seu obsessor, não restando a este outra saída senão desistir do combate.

Certa feita, procurou-nos uma jovem a pedir ajuda para o seu avô, que se trancara em um quarto, em depressão profunda, desinteressado pelo que antes lhe constituíam as ações do cotidiano. Uma das médiuns do nosso grupo, como amiga da família, foi visitá-la com o objetivo de implantar naquele lar o culto evangélico, como que para organizar a defesa e fortalecer os espíritos ali residentes. Adentrando a casa, sentiu ligeiro tremor ao colocar a mão sobre determinado móvel, seguido de mal-estar físico. O fato repetia-se onde quer que ela tocasse, intrigando-a sobremaneira.

Na reunião mediúnica, a médium, dirigindo-se ao mesmo ambiente através do desdobramento, pôde observar por um outro ângulo o cenário que tanto a afligira.

Havia sido introduzido no recinto o espírito de um suicida que, sem saber que estava prejudicando o idoso, saturava todo o ambiente com suas vibrações doentias. Em tudo que ele tocava, deixava o seu fluido pegajoso como piche. Próximo à janela, havia também uma figura de madeira em formato de rosto, espetada por alfinetes, principalmente na altura do plexo coronário. Percebeu igualmente a presença de um gato de aspecto horrendo, que fora estripado e tivera amarrado em suas vísceras um papel contendo o nome do citado irmão. Era necessário trazer o suicida para atendimento, mas um vulto enegrecido tentava impedir a sua remoção. Por isso, o dirigente espiritual dos nossos trabalhos o afastou, usando a sua superioridade moral, permitindo o socorro ao suicida. O afastamento do espírito trevoso e a reação da vítima, através da boa vontade, favoreceram a atuação dos bons espíritos, que resolveram o problema.

Essa é uma das conhecidas técnicas obsessivas, ou seja, colocar espíritos de viciados, loucos, suicidas, deformados, na residência do obsidiado, com a finalidade de criar um clima psíquico de discórdia, inquietação e desentendimento no seio da família. E como a maioria de nós somente caminha para Deus pelo ultimato das dores, creio que estas funcionam, quando bem compreendidas, como um acelerador para o invisível motor dos nossos pés.

[illegible] e bom ânimo, para que o trabalho do Cristo não viesse a sofrer interrup[illegible]

[illegible] companheiros a razão da ausência de alguns no costumeiro trabalho durante [illegible]

[illegible] responder, visto manterem-se firmes no propósito de acertar, frente aos [illegible]

[illegible] dialogar com o dirigente espiritual, que elucidou:

[illegible] a série que a televisão está mostrando [illegible] [illegible]

[illegible], eles vão dormir com tais cenas registradas na mente. [illegible]

[illegible] a baixa no trabalho? – insisti.

[illegible] com os episódios e dificultam o desdobramento na hora aprazada [illegible]

[illegible] dos acontecimentos, ficam a discutir ou sonham em busca dos locais dos [illegible]

[illegible] algum personagem. Ocorre, ainda, que lembranças podem aflorar da memória [illegible]

[illegible] que funciona como indutor na evocação de vidas passadas. Fala em tese. [illegible]

[illegible] certo desalinho emocional nos médiuns que ainda não conseguem [illegible]

[illegible] já sabem como proceder: deitar, orar, mentalizar todo o grupo [illegible]

[illegible] o trabalho de Jesus. Chamo ainda a atenção dos irmãos para as [illegible]

[illegible] e o excesso de alimentação carnívora, fator que dificulta o desdobramento [illegible]

[illegible] pode estar dificultando a saída do trabalhador, ou o seu encontro com a [illegible]

[illegible] Coragem irmãos! Lembremo-nos do sábio conselho de Paulo quando [illegible]

[illegible] nos conselhos. Estreitamos mais a conversação com alguns médiuns nos dias [illegible]

[illegible] a interessar-se pela história dos judeus nos tumultuados dias da [illegible]

[illegible] espíritas, ainda que momentaneamente. Outro nos disse que durante [illegible]

[illegible] Um terceiro me confidenciou estar abusando da carne por ter [illegible]

[illegible] que devemos evitar o excesso desse alimento, pelos fluidos pesados de [illegible]

[illegible] faz tanto mal assim!

[illegible] da segunda, mas pela que carne, que tem fluidos muito mais fracos que [illegible]

[illegible] conscientes de que o errado não deveria repetir-se. Ao final, disse-lhe: [illegible]

Que sensação experimenta a alma no momento em que se reconhece no mundo dos espíritos?

Depende. Se fizeste o mal com o desejo de fazê-lo, no primeiro momento, envergonhar-te-ás de o haver feito. Para o justo é bem diferente; ela se sente como aliviada de um grande peso, pois não teme nenhum olhar perquiridor.

O Livro dos Espíritos
Allan Kardec (pergunta 159)

O RESGATE

DIZ UM VELHO brocado muito conhecido no meio espírita: tal vida, tal morte. É verdade! A morte em nada consegue mudar a vida, que não se interrompe, não se acelera ou se retarda, queira ou não o espírito. A individualidade permanece intacta, mesmo soterrada por imensos castelos de areia, onde se fazem hóspedes demorados o orgulho, a vaidade, a preguiça, a maledicência e sua prole. Morrer é apenas transportar-se. E rever amigos, encontrar inimigos, acertar contas, aprisionar-se ou libertar-se. Os que temem a morte o fazem por desconhecê-la, ou por terem atrelado um pesado fardo às suas consciências. Muitos a interpretam como castigo, como caminho sem volta, rumo desconhecido, salário do pecado. Entretanto, ela é apenas uma lei da vida. Lei igualitária, imparcial, justa e soberana, que concede ao espírito o passaporte para voltar ao seu país de origem, com as aprovações ou reprovações a que fez jus. A morte é apenas o que quisermos que ela seja, desde que a vida é igualmente o que fizermos dela. Morre bem quem viveu bem, moralmente falando. O espírita deve educar-se para a morte, e não pensar como o cidadão comum, para o qual sempre quem morre é o seu vizinho.

Em uma de nossas reuniões de desobsessão, o médium desdobrou-se, indo a uma região trevosa com a finalidade de resgatar um espírito vampirizado e prestar-lhe auxílio, através dos seus fluidos de encarnado. Eis como ele nos descreveu o episódio:

– O espírito que vamos resgatar é um suicida involuntário. Ex-viciado em álcool e fumo. Ele está sendo vampirizado por encontrar-se encharcado de álcool e nicotina. A região onde nos encontramos é uma mata e o chão é muito escorregadio. Ouço muitos gritos que parecem ferir os meus ouvidos. Para amenizar o barulho, ou para que eu não me envolva, os espíritos estão colocando uma espécie de capacete em minha cabeça. Chegamos a uma muralha de pedras. O cheiro de matéria orgânica em decomposição é fortíssimo. Três espíritos me protegem. Vejo olhos brilhando no escuro, à semelhança de olhos de animais. Tenho uma sensação de medo muito grande, mas estou confiante. Fico apenas com um dos irmãos que me amparava, e os demais seguem adiante para efetuarem o resgate. Eu os vejo com uma tocha na mão, enquanto aguardo nesse lugar horrível. Estão voltando! Trazem o enfermo. O aspecto dele é pavoroso. Parece um zumbi. Seus olhos estão parados, seus músculos ressequidos como uma laranja chupada. Ele vai ser colocado junto a mim, por rápidos momentos, para que haja o choque anímico.

O choque anímico mencionado refere-se a uma rápida incorporação do espírito, facultando-lhe descarregar parte de seus fluidos densos através do médium, que, à semelhança de um absorvente ou fio terra, recebe e passa adiante o nocivo fardo. Isso diminui a alta tensão do estado de loucura do comunicante, o qual, sentindo-se encarnado por breves instantes, sai do seu torpor, adentrando a dura realidade que deverá enfrentar. Esse procedimento causa certo sofrimento ao médium. Mas mediunidade é isso mesmo: tarefa, compromisso.

A seguir, trocamos ideias sobre o estado do irmão transportado a tais sítios pela desencarnação. A morte deu-lhe a vida que ele merecia, concluímos.

Qual a causa do abandono do médium pelos espíritos?

O uso que ele faz da mediunidade é o que mais influi sobre os espíritos bons. Podemos abandoná-lo quando ele a emprega em futilidades ou com finalidade ambiciosas, e quando se recusa a transmitir as nossas palavras ou a colaborar na produção dos fenômenos para os encarnados que apelam a ele ou que precisam ver para se convencerem. Esse dom de Deus não é concedido ao médium para o seu prazer, e menos ainda para servir às suas ambições, mas para servir ao seu progresso e para dar a conhecer a verdade aos homens. Se o espírito vê que o médium não corresponde mais aos seus propósitos, nem aproveita as instruções e os conselhos que lhe dá, afasta-se e vai procurar um protegido mais digno.

O Livro dos Médiuns
Allan Kardec (Cap. XVII – tomo 220)

APRIMORAR SEMPRE

A MEDIUNIDADE EXERCIDA por seres evoluídos é coisa rara em nosso planeta, sendo muito mais comum o caso em que o exercício mediúnico é realizado por espíritos devedores da lei, que solicitam ou recebem essa faculdade como prova, a se considerar vencida quando bem desempenhada. Esses irmãos recebem a incumbência de pagar com amor as dores que provocaram em seus semelhantes. No sistema de crédito divino, uma dor não exige como pagamento uma dor igual. Como o amor é a moeda corrente em todo o universo, jamais serão negados ao médium os créditos ou fiadores de que necessita.

A mediunidade é considerada, desse modo, uma escada de acesso para Deus, desde que aquele que a possui ostensivamente a utilize dentro dos padrões éticos espirituais. Ser médium não é apenas tornar-se passivo ao companheiro que o busca, facultando-lhe o direito à voz. É fiscalizar-lhe as intenções, pensamentos, palavras, gestos. É manter rigorosa vigilância sobre si mesmo, estudando e estudando-se, trabalhando e renovando-se. É ser o primeiro enfermeiro daquele que o solicita, mesmo para aqueles que o buscam para feri-lo. Mediunidade é doação, porque sem ela só existe mediunismo, descompromissado com a doutrina.

Observemos que os rios e os mares recebem água, mas só se tornam férteis quando a devolvem a outras fontes. Da mesma forma, se apenas recebemos e retemos, distanciamo-nos da vida que, para sobreviver, requer o intercâmbio permanente de elementos materiais e espirituais. Quando o médium adquire essa consciência, inicia-se realmente o seu apostolado. Eu os tenho visto suportarem situações as mais críticas com bom humor e otimismo. Desde a ligação do suicida alguns dias antes da reunião, cujo gênero traduz-se em dores constantes tanto para o enfermeiro como para o enfermo, até a angústia inenarrável do hanseniano amputado. Do acidentado que lhe é imantado em condição de coma, fazendo-o praticamente desmaiar, ao estado nauseante do envenenado. Recusar o enfermo, jamais! Receber somente o mentor, impossível. Aquele que recusa o infortunado assemelha-se a ele na indigência em que se encontra. E aquele que apenas se prestar a transmitir as consoladoras mensagens dos bons espíritos, cedo ficará inoperante, pelo afastamento destes.

O verdadeiro médium não encontra obstáculos no uso da vassoura ou da caneta, ao atender o mentor ou o obsessor. Tudo é oportunidade de serviço e digna, portanto, de ser aproveitada. A casa espírita que não se estruturar nessas bases, cujas pilastras não tenham o cimento da fraternidade e os tijolos do amor ao próximo, melhor seria fechar as suas portas para questionamento, reabrindo-as somente quando adquirissem o discernimento necessário. O médium não é sofredor, nem santo, nem um ser especial, mas não deve ser igual a todo mundo. Deve ter Jesus como guia, Kardec como professor, por paixão o trabalho, e como divertimento o estudo. Mas claro que isso não é uma imposição ou fruto de fanatismo. Antes é uma conquista do espírito consciente e forte.

O médium deve sentir-se feliz atuando, descobrindo, aos poucos, que sem estudo e aperfeiçoamento o seu trabalho encontra-se sempre aquém de suas possibilidades.

Então, estudando e trabalhando, amando e renovando-se, ele se firma como operário de Jesus, aprendiz dos bons espíritos e vencedor de si mesmo, através da atividade incessante, reencarnações afora.

Deixar de levar em conta esses argumentos, em se tratando da mediunidade, é tão útil quanto chover rio molhado, ou tentar vender um refrigerador a um esquimó...

...stência e Luz divina, para que o trabalho do Cristo não viesse a sofrer interrup...

...compreendermos a razão da ausência de alguns no costumeiro trabalho durante...

...para responder, visto manterem-se firmes no propósito de acertar, frente aos...

...Pude então dialogar com o dirigente espiritual, que elucidou:

...assistindo à série que a televisão está mostrando (Holocausto) e como a...

...violentas, eles vão dormir com tais cenas registradas na mente, dificultando...

...para a busca no trabalho? – insisti

...-se com os episódios e dificultam o desdobramento na hora aprazada...

...dos acontecimentos, ficam a discutir ou sonhar em busca dos locais dos acontecimentos...

...com algum personagem. Ocorre, ainda, que lembranças podem aflorar de...

...que funciona como indutor na evocação de vidas passadas. Falo em tese. Co...

...certo desalinho emocional nos médiuns que ainda não conseguem desligar...

...Vocês já sabem como proceder: deitar, orar, mentalizar todo o grupo...

...para o trabalho de Jesus. Chamo ainda a atenção dos irmãos para as leituras...

...e o excesso de alimentação carnívora, fator que dificulta o desdobramento...

...pode estar dificultando a saída do trabalhador, ou o seu encontro com a equipe...

...Coragem irmãos! Lembremo-nos do sábio conselho de Paulo quando afirma...

...nos convidam. Estreitamos mais a conversação com alguns médiuns nos dias se...

...passou a interessar-se pela história dos judeus nos tumultuados dias da Alemanha...

...dos espíritas, ainda que momentaneamente. Outro nos disse que durante o...

...do filme. Um terceiro nos confidenciou estar abusando da carne por ter recebido...

...sabe que devemos evitar o excesso desse alimento, pelos fluidos pesados de que...

...não faz tanto mal assim!

...de segunda, mas pela que come, que tem fluidos muito mais fracos que a...

...mais conscientes de que o errado não deveria repetir-se. Ao final, disse-lhes...

Entretanto, o médium é um intermediário entre os espíritos e os homens, mas o magnetizador, tirando sua força de si, mesmo, não parece servir de intermediário a nenhuma potência estranha

É uma suposição errônea. A força magnética pertence ao homem, mas é aumentada pela ajuda dos espíritos a que ele apela. Se magnetizas para curar, por exemplo, e evocas um bom espírito que se interessa por ti e pelo doente, ele aumenta a tua força e a tua vontade, dirige os teus fluidos e lhes dá as qualidades necessárias.

O Livro dos Médiuns
Allan Kardec (cap. XIV - tomo 176)

FLUIDOTERAPIA

INTENSO É O movimento na busca do passe e da água fluidificada nos centros espíritas. Pensam alguns que esses dois instrumentos valiosíssimos podem ser administrados à vontade, sem controle, sem a contrapartida do esforço individual e da fé, culminando sempre em resultados positivos.

Mas o estudo dos fluidos é um capítulo de extensa profundidade na literatura espírita. Sabemos que sobre eles atuam os espíritos através do pensamento, dando-lhes propriedades específicas, tais como direção, coloração, densidade e outros efeitos magnéticos.

Vale a pena enfatizar que as propriedades que o espírito atribui a esses fluidos levam a marca da sua condição evolutiva, bem como da sua intenção no momento do manuseio. Dessa forma, após a manipulação, os fluidos se comportam mais ou menos como a escala dos números reais, com o zero como ponto intermediário, ficando os positivos à direita e os negativos à esquerda. Ou, explicando melhor, o zero seria o fluido neutro. Os números positivos corresponderiam a toda a escala dos fluidos cujos resultados seriam benéficos: calmantes, dulcificantes, curativos, aromáticos, reparadores ... Os negativos, pelo contrário, representariam os fluidos com resultados nocivos: toxidez, irritação, patogenias variadas. Existe, portanto, uma escala de fluidos que, em última análise, revela as características individuais de cada espírito que os manipula, visto cada qual ter seu próprio fluido particular e em grau específico.

Observando-se as conquistas individuais, veremos que existe o egoísta, o violento, o invejoso, o orgulhoso, o hipócrita, e também o amoroso, o fraterno, o caridoso.... Cada um deles possui seu próprio fluido e sua própria influência no manuseio, podendo tais variáveis sofrer acréscimos ou diminuições, de acordo com os espíritos que acorram em seu auxílio, uma vez que dois egoístas ou dois caridosos jamais o serão em graus idênticos. Para tentar esclarecer melhor, assim como entre os numerais 2 e 3 existe uma infinidade de outros números fracionários, tais como: 2,1; 2,11; 2,111... etc., também entre dois espíritos situados em pontos extremos existem centenas de outros, portadores de fluidos cujas características possuem diferentes graus de intensidade atuante.

Pode-se concluir de tudo isso que existem nos centros espíritas passistas mais eficientes que outros, desde que diferentes são seus graus evolutivos e seus esforços de renovação. Isto é possível. Mas muitas variáveis envolvem a terapia fluídica. No passista, podemos enumerar entre outras: a fé, a boa vontade, o preparo físico e mental, o estudo, e a assistência espiritual que age através dele. No enfermo, notamos como principais as seguintes: o merecimento, a fé, o preparo físico e moral, e o estado de receptividade no momento do passe. Acreditamos que a conjugação de tais fatores na interação passista-paciente é fundamental para o êxito de ambos. Pouco adianta o passista portar as condições necessárias, se o enfermo traz apenas a sua enfermidade para a sala de passe, substituindo as disposições descritas como fundamentais para a sua recuperação, pelo desânimo, pela desesperança, pelo rancor e o azedume. Nessas circunstâncias, ele, o paciente, está encouraçado por fluidos da sua enfermidade, adicionados a outros, impregnados em seu perispírito pelo estado mórbido que apresenta, construindo em si uma espécie de colete repelente aos bons fluidos que lhe são direcionados. Se a borracha neutraliza e isola a eletricidade, o desânimo, a mágoa ou a tristeza isolam igualmente as correntes fluídicas portadoras dos eflúvios salutares mais refinados. A não ser que, pela quantidade, qualidade e alto poder de penetração impostos pelos espíritos auxiliares do passista, a carga fluídica seja capaz de deslocar esse colete, impondo um outro de natureza mais permeável.

A atuação de tais fatores nos centros espíritas, supervisionada por responsáveis equipes de desencarnados, pode neutralizar, portanto, a possibilidade teórica de ocorrerem benefícios imerecidos ou prejuízos injustificáveis, imputados à atuação dos passistas nas instituições espíritas sérias.

As observações referidas ao passe também são válidas para a água fluidificada. Da mesma maneira que os passistas transmitem fluidos a um enfermo, através do passe, podem proceder analogamente com um recipiente com água potável, à temperatura ambiente, fluidificando-a. Sendo esta substância um bom absorvente de fluidos, pode constituir-se, assim, em valioso medicamento, desde que obedecidos os critérios já descritos.

Nossa casa espírita utiliza largamente a fluidoterapia, lembrando sempre ao usuário a necessidade da observância das regras que a tornarão proveitosa. Quando tomamos um remédio, não o fazemos obedecendo aos preceitos descritos na bula? Não regulamos a quantidade, o horário, a dosagem, as contraindicações e a dieta aconselhada? Na fluidoterapia as exigências são as mesmas.

Certa feita, já na hora de cerrarmos as portas para o início da reunião, um companheiro pediu-nos um minuto de paciência, pois precisava magnetizar um litro de água que alguém lhe trouxera. Apesar de isso contrariar o meu estilo de não atrasar nem mesmo por alguns segundos o início da reunião, aquiesci ao pedido, permitindo a magnetização da água. A garrafa foi então levada a uma irmã que esperava no carro à porta do centro. Comprara o litro de água na casa mercantil ao lado e solicitara a alguém que a fluidificasse, ficando monarquicamente à espera do benefício. Pergunto: será que com esse expediente ela conseguiu atingir os seus objetivos? Podemos até admitir que a água tenha sido magnetizada pelo prestativo companheiro, mas não podemos ter certeza quanto à melhora da paciente, uma vez que ela estava fugindo das palestras públicas que lhe lembravam a urgência do esforço e da renovação, coisas incompatíveis com o imediatismo e a acomodação que ostentava.

Com a mordacidade crítica que sempre me caracterizou em tais instantes, eu disse ao companheiro do lado:

– Precisamos instalar aqui um serviço de "teleágua", para evitar o esforço dos que nos buscam em tratamento.

Como podemos apreciar a liberdade do espírito durante o sono?

Pelos sonhos. Crede, enquanto o corpo repousa, o espírito dispõe de mais faculdades que na vigília. Tem o conhecimento do passado e, algumas vezes, previsão do futuro. Adquire maior energia e pode entrar em comunicação com outros espíritos, seja neste mundo, seja em outro. Muitas vezes dizes: Tive um sonho bizarro, um sonho horrível, mas que não tem nada de verossímil; enganas-te, é frequentemente uma lembrança dos lugares e das coisas que viste ou verás em uma outra existência ou em um outro momento.

O Livro dos Espíritos
Allan Kardec (pergunta 402)

O SONHO

CONVERSANDO SOBRE SONHOS com uma das médiuns, antes da reunião de desobsessão, esta me contou que houvera tido um pesadelo, após o qual acordou assustada e temerosa de novamente conciliar o sono.

Estava amordaçada e amarrada a uma espécie de mesa, rodeada por alguns homens encapuzados, vestidos de negro, portando estranho símbolo nas cabeças raspadas.

Sentia-me aterrorizada, pois trazia a nítida sensação de haver sido torturada até a morte – disse-me. E continuou o seu relato:

Morreu! Iniciemos o ritual! – disseram.

Estou viva! – gritava a todos eles. Mas, pensando que eu havia morrido, eles tomaram de um esqueleto de criança, enrolaram em um pano preto e o colocaram junto a mim. Gritei, esperneei, mas, sempre acreditando-me morta, eles continuaram o seu ritual macabro. Então... acordei.

Durante a reunião foi trazida uma jovem desencarnada, em estado de choque, com evidentes sinais de tortura física e mental. Confundindo-nos com os seus torturadores, aos gritos de socorro e pedidos de clemência, contorcia-se e chorava. Nós a "doutrinamos" a muito custo, inspirando-lhe um pouco de confiança através da prece, sendo todo esse proceder assistido por um dos seus torturadores, o qual, comunicando-se, ameaçou-nos com o poder fantástico do seu mestre das trevas. Mas nós o rebatemos, lembrando-lhe o poder maravilhoso e soberano do nosso mestre da luz. Percebemos que ele não tolerava ouvir o nome de Jesus, nem tampouco suportava deparar-se com uma cruz à sua frente. Juntou então as mãos e, em atitude de concentração, bradou:

– Mestre! Eu te invoco das profundezas das trevas!

Calmamente, eu lhe disse:

– Seu mestre não tem coragem de visitar-nos. Não suportando a luz, foge de Deus, como a esconder as suas pústulas do santo remédio. Ele não virá, porque Jesus está conosco, assistindo-nos com a sua luz divina. Vê, irmão! Estamos em prece. Vê a luz da oração que pode te arrancar da escuridão onde te encontras.

Ele entrou em dores e convulsões, pedindo-nos que afastássemos a cruz que lhe era apresentada e que o queimava, ofuscando-o com uma luminosidade a que não estava acostumado. Eu lhe disse então:

– A falta dos olhos pode nos levar a um outro tipo de visão: a visão interior, que nos faculta averiguar nosso estado de espírito, pela meditação sobre os nossos atos e aferição dos nossos pensamentos.

Lembrei-lhe Paulo de Tarso, que, ao ficar cego, viu a incoerência em que se encontrava, decidindo pela dignidade no trabalho do Cristo. Citei-lhe ainda o conselho de Jesus: "se o teu olho te escandaliza, tira-o e lança-o fora de ti, porque é melhor que se perca um dos teus membros, do que todo o teu corpo ser lançado no inferno". Ele apenas gritava, pois tivera a sua voz tolhida pelos bons espíritos. A duros esforços adormeceu.

Nossos dirigentes explicaram, então, que durante o sono havíamos participado do resgate da jovem comunicante, e que pela dificuldade e delicadeza da tarefa, já que havíamos baixado o nosso padrão vibratório para entrar no antro dos torturadores, a médium, cuja participação no episódio fora ostensiva, sentiu-se como se fosse a protagonista do drama, tomando o fato à conta de pesadelo.

Foi explicado igualmente que torturavam a jovem com o intuito de deixá-la alienada, para introduzi-la depois na residência de um jovem a quem vínhamos auxiliando em tratamento desobsessivo.

Os nossos sonhos podem ter um sentido muito mais profundo do que pensamos, foi a conclusão a que chegamos...

em que alguns de nós passaram [illegible]

stência a boa ânimo, para que o trabalho do Cristo não viesse a sofrer interru

os compreendemos a razão da ausência de alguns no costumeiro trabalho durant

com responder, visto manterem-se firmes no propósito de acertar, frente aos

poio neste diálogo com o dirigente espiritual, que elucidou:

acompanhando a série que a televisão está mostrando (Holocausto) e como a m

violentas, eles vão dormir com tais cenas registradas na mente, dificultan

para a busca no trabalho? — insisti.

ionam-se com os episódios e dificultam o desdobramento na hora aprazada

dos acontecimentos, ficam a discutir ou vagam em busca dos locais dos aconte

alguns personagens. Ocorre, ainda, que lembranças podem aflorar de mome

que funciona como indutor na evocação de vidas passadas. Fato em tese. C

odem a certo desalinho emocional nos médiuns que ainda não conseguem desliga

ísto. Vocês já sabem como proceder: deitar, orar, mentalizar todo o grupo de

para o trabalho de Jesus. Chamo ainda a atenção dos irmãos para as leituras

espirituais e o excesso de alimentação carnívora, fator que dificulta o desdobrame

mas pode estar dificultando a saída do trabalhador, ou o seu encontro com a e

dado. Coragem irmãos! Lembrem-nos do sábio conselho de Paulo quando afirm

do nos convém. Estreitamos mais a conversação com alguns médiuns nos dias s

eçaram a interessar-se pela história dos judeus nos tumultuados dias da Alemanh

dos espíritos, ainda que momentaneamente. Outro nos disse que durante o tem

do filme. Um terceiro me confidenciou estar abusando da carne por ter recebi

istro que devemos evitar o excesso desse alimento, pelos fluidos pesados de qu

o fez tanto mal assim!

a do segundo, mais pelo que carne, que tem fluidos muito mais fracos que a

mais conscientes de que o errado não deveria repetir-se. Ao final, disse-lhe

A perda de pessoas que nos são queridas não é uma daquelas que nos causam um desgosto tanto mais legítimo por ser irreparável e independente de nossa vontade?

Essa causa de desgosto atinge tanto o rico quanto o pobre: é uma prova ou expiação, é a lei comum. Mas é uma consolação poder comunicar-vos com vossos amigos pelos meios que tendes, esperando que, para isso, tenhais outros mais diretos e mais acessíveis aos vossos sentidos.

O Livro dos Espíritos
Allan Kardec (pergunta 934)

DOLOROSA PERDA

QUANDO INGRESSEI NO espiritismo, ainda adolescente, tive um professor chamado Francisco Lopes, o Chico Lopes. Era um homem discreto, solidário, estudioso e bom doutrinador. Eu o assistia a conversar com os espíritos, descobrindo a cada dia o mundo maravilhoso que ele descortinava à minha visão. Em casa, comparava o que via e ouvia com o que lia em Kardec, certificando-me da excelência doutrinária de que aquele companheiro era portador. Para mim, o ingresso no espiritismo foi um desses instantes de rara lucidez que tive na vida. Algo assim como aquele instante em que Zaqueu, ao descobrir a filosofia de Jesus, tomou-se de anseios de renovação, depois do que nunca mais sua vida foi a mesma. Acredito que sensação semelhante experimentam todos por ocasião desse encontro – ou reencontro, pois muitos de nós talvez já fôssemos espíritas anteriormente, adotando os postulados do espiritismo no íntimo do coração, mesmo sem o conhecimento da sua estruturação doutrinária.

Mas, um dia, o meu amigo foi acometido de um câncer no fígado. Era a cobrança inevitável, a dor que surgia, encontrando, porém, o aprendiz, futuro enfermo, devidamente preparado.

Lembro-me de um episódio ocorrido quando eu o visitava no hospital: na hora do jantar, um outro paciente perdeu a calma, recolhendo-se a um canto da sala em choro sofrido... Do Chico partiu, então, a palavra alentadora em meio à agonia, proporcionando-me a sua última lição como encarnado, qual seja, a de que, mesmo doente, o homem precisa servir a Deus.

Quando desencarnou, deixou-nos um vácuo. Sua figura que transitara em nossa sala de reuniões durante décadas, símbolo do trabalhador dedicado e fiel, não se apartava de nossas lembranças. Mas o trabalho não podia parar, e não parou, pois um outro companheiro assumiu a tarefa como doutrinador. Na primeira sessão de educação mediúnica, um dos médiuns mais experientes desdobra-se, indo a uma luminosa região, passando a descrever--nos o que assiste:

– Parece uma festa! Vejo muitas luzes, muita gente feliz e bem vestida. Existem mesas, taças... e existe um lugar de honra para algum convidado especial. O convidado parece ter chegado. Penetra no recinto sendo saudado por todos. Muitos acorrem a abraçá-lo. Eu estou vendo agora... Meu Deus! É o Chico!

A emoção tomou conta de todos nós. Imagine. Uma festa para o Chico. Ele que fugia delas. Mais uma semana, e a sua figura simpática passou a ser vista na reunião, em trabalho constante.

Hoje convivo e converso com ele constantemente. Continua o mesmo. Nunca tirou férias. Nunca falou em passeios, turismo, licenças, cansaço. Com ele aprendi muito do que sei e do que sou. Sinto uma enorme alegria em substituí-lo na missão que ele tão bem desempenhou. Ao escrever meu primeiro livro, fiz questão de que ele dissesse algo como introdução, apesar da sua mania de em nada querer aparecer. Passados tantos anos, procuro hoje, do modo mais singelo possível, à sua maneira, falar da chegada dos servos fiéis ao plano espiritual, tomando como referencial a sua simplicidade.

Presentes na festa descrita estavam centenas de espíritos que haviam recebido dele a palavra amiga, o passe, a prece, o medicamento, a solidariedade. Também para saudá-lo, vieram ex-obsessores, ex-enfermos, ex-suicidas, amigos, familiares, protetores. Reafirmando o verso de Francisco, "é dando que se recebe", Chico recebia de volta aquilo que doara, em emocionada noite que nenhum poeta ou filósofo conseguiria descrever com fidelidade, ainda que fosse dado a colecionar madrigais...

- É, Chico! Divertimento de pobre é carregar pedras, bem o dizias. Carreguemo-las, pois, visto estar ainda incompleta a catedral de Nosso Senhor.

tência e luz divina, para que o trabalho do Cristo não viesse a sofrer interru

dos companheiros a razão da ausência de alguns no costumeiro trabalho durant

responder, visto manterem-se firmes no propósito de acertar, frente aos

Fomos então dialogar com o dirigente espiritual, que elucidou:

— acompanhando a série que a televisão está mostrando (Holocausto) e como a m

espíritas, eles vão dormir com tais cenas registradas na mente, dificultan

para a busca no trabalho? — insisti.

— ...com uma aparência ...essam-se com os episódios e dificultam o desdobramento na busca apressada

...tos, ficam a discutir ou saem em busca dos locais dos acontecimentos dos acontecimentos

algum personagem. Ocorre, ainda, que lembranças podem aflorar da mem

que funciona como indutor na evocação de vidas passadas. Falo em tese. Co

odem certo desalinho emocional nos médiuns que ainda não conseguem deslig

leito. Vocês já sabem como proceder: deitar, orar, mentalizar todo o grupo

para o trabalho de Jesus. Chamo ainda a atenção dos irmãos para as leituras

espirituais e o excesso de alimentação carnívora, fator que dificulta o desdobram

...os pode estar dificultando a saída do trabalhador, ou o seu encontro com a

...-la. Coragem irmãos! Lembremo-nos do sábio conselho de Paulo quando afirm

...do nos convém. Estreitamos mais a conversação com alguns médiuns nos dias

...sou a interessar-se pela história dos judeus nos tumultuados dias da Alemanh

...dos espíritas, ainda que momentaneamente. Outro nos disse que durante o

...do filme. Um terceiro me confidenciou estar abusando da carne por ter receb

...lhe que devemos evitar o excesso desse alimento, pelos fluidos pesados de q

...me faz tanto mal assim!

...de segunda, mais pelo que carne, que tem fluidos muito mais fracos que a

...mos conscientes de que o errado não deveria repetir-se. Ao final, disse-lhe

Um meio às vezes usado com sucesso para assegurar a identidade, quando o espírito se torna suspeito, é o de fazê-lo afirmar em nome de Deus todo-poderoso que é ele mesmo. Acontece muitas vezes que o usurpador recua diante do sacrilégio. Depois de haver começado a escrever: afirmo em nome de ... para e risca encolerizado traços sem significação ou quebra o lápis. Sendo mais hipócrita, contorna o problema através de uma omissão, escrevendo por exemplo: Eu vos certifico de que digo a verdade, ou ainda: Atesto, em nome de Deus, que sou eu mesmo que vos falo etc.

Mas há os que não são assim escrupulosos e juram por tudo o que se quiser. Um deles se comunicava com um médium dizendo-se o próprio Deus, e o médium, muito honrado com tão elevada graça, não hesitou em acreditar.

Evocado por nós, não ousou sustentar a impostura e disse: Eu não sou Deus, mas sou Seu filho. – Então sois Jesus? Isso não é provável porque Jesus está muito elevado para empregar subterfúgios. Ousais afirmar em nome de Deus, que és o Cristo? – Eu não disse que sou Jesus, disse que sou filho de Deus porque sou uma de Suas criaturas. Deve-se concluir disso que a recusa de um espírito em afirmar a sua identidade em nome de Deus é sempre uma prova de que usa de impostura, mas que a afirmação nos dá apenas uma presunção e não uma prova da identidade.

O Livro dos Médiuns
Allan Kardec (cap. XXIV - tomo 259)

A MISTIFICAÇÃO

COMO DOUTRINADOR, UTILIZO-ME, às vezes, de um médium vidente como auxiliar, no caso de dúvida quanto à identidade de algum espírito, quando desconfio não ser ele quem afirma ser. Estou convicto de que este procedimento não deve ser frequente, uma vez que o doutrinador deve ter segurança e seguir as intuições que, em geral, não lhe faltam em momentos difíceis. No mais, ele deve estar preparado intelectualmente, conhecendo pelo menos as obras da codificação espírita, o que lhe propicia inúmeras saídas para as situações em que percebe o embuste, por minúcias técnicas ou psicológicas, incluindo-se entre estas a própria expressão facial do médium que, em muitos casos, consegue retratar as emoções do espírito comunicante.

Certa feita, um espírito apresentou-se com uma voz melosa, que me pareceu um pouco artificial – o que deve ser suficiente para deixar o doutrinador atento a seus gestos, palavras e intenções – dizendo-me:

– Venho agradecer a esse grupo maravilhoso, que muito tem sido testado na fé, superando os mais difíceis obstáculos, pelas curas que vem proporcionando a inúmeros necessitados. Louvo o trabalho incessante de vocês, que já são espíritos conscientes, já possuidores de muitos méritos junto ao Senhor da Vida. Quantos dariam tudo para ter essa luz que vejo em vocês! Quantos ainda se arrastam na lama, enquanto vocês já contam com as venturas do Evangelho instaladas em seus corações...

Notando-lhe a prodigalidade nos elogios, fiz-lhe o seguinte convite:

– Já que o irmão acompanha e aprova o nosso trabalho, observando-nos constantemente, oremos juntos pelos doentes, pelos injustiçados, para que a verdade se sobreponha à mentira, a luz afugente as trevas e a honestidade venha finalizar o reinado do engodo, da mentira e da falsidade sobre a Terra.

Grande foi a minha surpresa quando o ouvi dizer:

– Permita-me o irmão fazer a prece!

Fez, então, uma prece tão linda quanto a de Cáritas. Uma verdadeira poesia, uma preciosidade literária. Após a oração, contudo, veio o conselho, cujo veneno sutilmente velado, identificou-lhe os objetivos.

- Apesar de todos aqui estarem com o Cristo, e dele receberem a força, o ânimo e a coragem na luta diária, noto na fisionomia de alguns o cansaço pelas árduas tarefas. Conversei com o mentor de vocês, e ele permitiu que aquele que estivesse sentindo-se estafado, pudesse ausentar-se por alguns dias ou semanas, para a recuperação devida. Deus supre a falta.

Identificada estava a sua farsa e evidente a sua missão: minar pela vaidade, através do elogio, provocar baixas no grupo pela ausência de algum invigilante que lhe aceitasse a sugestão. Paralelamente, os seus comparsas tratariam de provocar nesses companheiros sensações de esgotamento, de cansaço, irritação, vertigens. Essa foi a intuição que recebi claramente.

Intrigado com a prece que ouvira, principalmente porque não notara nela o sentimento, a emoção e o fervor que caracterizam a sinceridade na oração - fato que mais o identificava como mistificador -, perguntei baixinho ao nosso médium vidente:

- Como se apresenta esse espírito?

Como já disse, essas consultas são raras. Acredito que a constância nessas indagações pode levar o doutrinador a uma espécie de dependência, inibindo a sua intuição, tornando-o inseguro, uma vez que, com isso, ele passa a enxergar apenas pelos "olhos" do vidente, o qual também pode ser mistificado, vindo a descrever cenas adredemente preparadas pelos seus adversários. Um outro inconveniente dessa prática é gerar no médium consultado, caso ele seja descuidado, a vaidade de ser frequentemente requisitado, com o que pode empavonar-se, passando a "caminhar em baba de quiabo"...

Mas, voltando à pergunta, respondeu-me o vidente:

- Ele trouxe a prece escrita em um papel e apenas leu.

Descoberta a sua farsa, ele quis retirar-se. Era um jovem ator utilizado por espíritos trevosos empenhados em constante luta contra as casas espíritas. Senti realmente carinho por ele. Parecia muito jovem. A dor ainda não o havia ensinado suficientemente sobre a dignidade nos palcos da vida. Recomendei-lhe um outro papel: o do trabalhador da última hora, do semeador que saiu a semear as suas sementes ....

Estava amedrontado pela falha na interpretação do papel que lhe haviam encomendado. Por isso queria fugir daqueles que o contrataram... e fugiu será?!

Qual pode ser o efeito das fórmulas e práticas com a ajuda das quais certas pessoas pretendem dispor da vontade dos espíritos?

O efeito de torná-las ridículas se são de boa-fé; caso contrário, são patifes que merecem um castigo. Todas as fórmulas são enganosas; não há nenhuma palavra sacramental, nenhum sinal cabalístico, nenhum talismã que tenha uma ação qualquer sobre os espíritos, porque estes são atraídos pelo pensamento e não pelas coisas materiais.

O Livro dos Espíritos
Allan Kardec (pergunta 553)

CLIENTELA SOFRIDA

O CENTRO ESPÍRITA, funcionando como hospital e oficina de trabalho, recebe diariamente visitantes das mais diversas crenças, portando todo tipo de dores físicas e morais, aflições, angústias, perfazendo um longo painel demonstrativo dos entretons que compõem a imensa escala do sofrimento. É gente abastada, é o sofredor solitário, a clientela obscura e até mesmo o homem santificado.

Às vezes, observo os matizes utilizados pela lei cármica na aplicação do preceito evangélico ditado por Jesus. "Quem com ferro fere, com ferro será ferido." E, ainda, "de ti será cobrado até o último ceitil."

Desnecessário dizer que a multidão que busca o centro espírita, estando matriculada na escola da dor, o faz com a esperança de conseguir, por seu intermédio, a transferência para a escola da felicidade, sem lograr êxito, contudo, em virtude de as suas notas ainda se apresentarem excessivamente baixas, o que exige uma permanência maior na escola atual. Isso ocorre porque o esforço a ser empreendido para a aquisição de um diploma de transferência ainda dorme, deixando à espera os arquivos da consciência e as promissórias da contabilidade divina.

Esse tipo de frequentador, que procura o processo mágico que remova a dor do seu íntimo, levando-a para outras paisagens, pretende mercadejar com as leis imutáveis, para encontrar um elixir para a felicidade, ou um talismã que lhe feche o corpo contra as mazelas que nele estão alojadas.

Na condição de espíritas, somos procurados constantemente por muitos sofredores, desejosos de que lhes desvendemos as fórmulas, supostamente complicadas, que envolvem a problemática do destino. Esses irmãos ficam surpresos quando lhes confessamos que o segredo para afugentar a dor é amar, pois, como procuram algo que lhes parece oculto e inatingível, duvidam quando lhes dizemos que esse poder é a fé. Solicitam-nos um meio de esquecer os seus martirizantes problemas, e não aceitam quando afirmamos ser esse o único meio, ou seja, lembrar o problema do outro, oferecendo-lhe recursos para que possa soerguer-se por esforço próprio.

Com frequência percebemos mulheres ricamente trajadas, que também nos visitam, misturando-se à massa anônima e sofredora. O centro espírita tem essa particularidade: recebe indistintamente o rico e o pobre, igualados nesse espaço pela supervisão da caridade. Em alguns, nota-se a decepção, estampada no rosto, quando falamos do esforço agigantado que devemos fazer para apaziguar a consciência. Para outros, contudo, esse esforço é bem-vindo, pois não buscam o imediatismo, já admitindo, como ornamento para o espírito, uma virtude qualquer. Estes concordam que já se acomodaram o bastante e necessitam botar as mãos no arado.

Para facilitar a conversação com tais irmãos e irmãs, escrevi a pequena mensagem abaixo, que são convidados a ler meia hora antes do diálogo fraterno, no qual essas pessoas podem expor os seus problemas, recebendo as orientações devidas, à luz da libertadora doutrina dos espíritos.

Essa mensagem foi escrita após o sono físico, com a nítida sensação de tê-la elaborado com a assistência dos amigos espirituais que trabalham conosco em nossa casa espírita.

"Prezado(a) amigo(a). Antes de expor a que veio, saiba como o espiritismo poderá auxiliá-lo em suas dificuldades."

EM ESPIRITISMO NÃO TEMOS:

1. Fórmulas mágicas que de imediato resolvam seus problemas.
2. Privilégios concedidos pelos bons espíritos a qualquer pessoa.
3. Hábito de pesquisar o passado, o presente e o futuro de ninguém.
4. Maneiras de conseguir empregos, promoções, palpites de loterias, reconciliações amorosas, casamentos, noivados, divórcios ou similares.
5. Curas miraculosas, diagnósticos instantâneos, esponja para vícios, receitas contra o sofrimento ou amuletos para a felicidade.

EM ESPIRITISMO TEMOS:

1. Esclarecimento sobre a origem de nossas aflições, que podem ser anteriores ou atuais, e meios de superá-las através da fé, do esforço e da renovação de hábitos.
2. Ensinamentos que atestam a bondade de Deus com imparcialidade, permitindo-nos a dor como ensinamento valioso, ensinamento este requisitado por nós próprios, quando nos negamos a seguir a escola fraternal de Jesus.
3. Em raríssimas exceções, informamos sobre vidas anteriores, a presente, ou acontecimentos futuros. Essas revelações feitas pelos amigos espirituais obedecem à necessidade e à conveniência, para atenuar a problemática em si, ocorrendo mediante criteriosa

avaliação da fé, do merecimento e da utilidade de tais informações para quem as busca.

4. Estudos que atestam ser os problemas da vida materiais inerentes à conjuntura cármica a que estamos vinculados. As provas e expiações geralmente são pedidas por nós em encarnações passadas, para que, vencendo-as, resgatemos nossos débitos e nos elevemos a planos mais perfeitos. O espiritismo como doutrina consoladora, ensina como portar-se frente à vida, valorizando-a, enfrentando e superando suas dificuldades com coragem e discernimento, caminho seguro para a paz de espírito.

5. Certeza de que, estudando e vivendo tal doutrina, entende-se a razão da dor e da aflição, procurando em si e em Jesus as forças para o soerguimento. Todos temos mais força e coragem do que supomos. Vamos! Anime-se! Jesus é a porta. Kardec é a chave. Não existe problema que não se renda à ação do trabalho e da prece.

Os espíritos que querem nos excitar ao mal o fazem aproveitando das circunstâncias em que nos encontramos ou podem criar essas circunstâncias?

Eles aproveitam a circunstância, mas, frequentemente, eles a provocam compelindo-vos inconscientemente, ao objeto da vossa cobiça. Assim, por exemplo, um homem encontra sobre o seu caminho uma soma de dinheiro, não creiais que foram os espíritos que levaram o dinheiro para esse lugar, mas eles podem dar ao homem o pensamento de dirigir-se a esse ponto e, então, lhe sugerem o pensamento de se apoderar dele, enquanto outros lhe sugerem o de entregar esse dinheiro àquele a quem pertence. Ocorre o mesmo em todas as outras tentações.

O Livro dos Espíritos
Allan Kardec (pergunta 472)

NÃO VOS CANSEIS PELO OURO

SER ESPÍRITA É procurar superar-se a cada dia pelo esforço característico que a boa vontade impõe. A proposta da doutrina espírita é, portanto, a renovação. O espírita assume, consigo mesmo, o compromisso de sanar pensamentos e hábitos, alijando-se do entulho secular que lhe ulcera a moral, entulho esse cuja virulência resultou da sua própria invigilância e acomodação. Sem tal compromisso, selado na intimidade da consciência, o aprendiz pode dizer-se leitor, pesquisador, admirador ou simpatizante, mas não espírita autêntico. Este não é somente um garimpeiro da verdade. E o felizardo que já encontrou a jazida. Seguro do ideal que o energiza, não se deixa fanatizar nem negocia a sua crença por meias verdades que lhe queiram impor. Vara flexível frente à tempestade, valoriza os seus açoites, considerando-os como exercícios para a sua resistência, mantendo-se firme e fiel a Jesus, pois o espírita nada mais é do que um seguidor do Cristo, embora muitos julguem que o Cristo seja mentor específico de outras religiões. Além disso, ele não se precipita em debates estéreis, em clima de competição numérica, valorizando a quantidade em detrimento da qualidade. Sabe da impossibilidade de algo ou alguém provocar fissuras na monolítica estrutura moral-filosófica-científica de sua doutrina. Aquele que assim procede, na casa espírita e fora dela, nas canseiras e suores da vida, merece com louvor o laurel do trabalhador da última hora.

Muitos espíritos, em desespero de causa, já nos procuraram para barganha, para oferecer proteção, fechar nosso corpo contra maus olhados ou pensamentos de ódio. A resposta é sempre a mesma:

- Não sou negociante. Faça a sua proposta aos dirigentes da casa.

Um desses espíritos, após estudar demoradamente o nosso grupo, levando em conta apenas as nossas posses materiais, compareceu à reunião para nos oferecer um vantajoso negócio, que, segundo a sua ótica, nos deixaria ricos. Ele dizia trazer grande mala de dinheiro, procurando valorizar o que trouxera, à medida em que colocava os pacotes de cédula sobre a mesa. Queria apenas um pequeno favor em troca: que deixássemos de fazer o Evangelho na casa de alguém que havia buscado a nossa ajuda (um dos casos de obsessão que estávamos tratando), dando o caso por encerrado.

- Qualquer um de vocês que quiser o dinheiro, eu posso dar. Não precisa falar. Basta responder pelo pensamento, que amanhã mesmo eu começo a trabalhar para que ele chegue às mãos de quem o deseje. Pode ser uma promoção, sorte na loteria, uma quantia achada na rua ... Sei que alguns não estão vendo o dinheiro. Mas ele existe! Eu tenho muitas maneiras de materializá-lo e fazê-lo chegar a quem o queira. Sei que muitos de vocês se encontram em grandes dificuldades.

E passou a enumerar as dificuldades de cada um de nós.

- Você! - disse, dirigindo-se ao doutrinador. - Sei que não tem dinheiro para a impressão dos seus livros.

E continuou:

- Eu consigo o dinheiro ou o patrocínio. E você! Seu carro está caindo aos pedaços. Não sonha há muito em comprar um carro novo? Sei que existem pessoas aqui que estão a ponto de passar fome!

Interrompi. Já ouvira demais. Igualmente já passara o tempo suficiente para que ele se certificasse de que fizera a proposta errada.

- Veio ao lugar errado e fez a proposta errada, meu irmão. Se quer doar o seu dinheiro, ofereça-o aos pobres, aos órfãos, aos doentes sem recursos. Não mercadejamos a palavra do Cristo. Não cobramos para ajudar nem recebemos para retirar a ajuda. Continuaremos o nosso trabalho, mesmo com as dificuldades que você relacionou, pois mais vale a escassez com Jesus que a abundância sem ele. Aliás, haverá fartura sem Jesus? Volte com seus trinta dinheiros. A história de Judas não se repetirá aqui. O que temos nesta casa o seu dinheiro jamais comprará.

- Vocês são uns tolos, orgulhosos... Onde já se viu desprezar dinheiro? Você fala por si, mas sei que alguns estão pensando em aceitar a minha oferta.

Solicitei a um irmão que fizesse uma prece por ele, durante a qual me acerquei do tentador, dizendo baixinho:

- Retire sua mão de cima do dinheiro porque ele vai pegar fogo.

Ele se assustou. Em seguida, foi retirando as mãos devagar, para começar a soprar e a bater sobre a mesa, tentando apagar o fogo que se alastrava sobre as cédulas.

- Não! Não! Apaguem o fogo! Apaguem o fogo! - gritava. Foi inútil. A sua "fortuna" foi reduzida a cinzas.

- Eis sua riqueza! - falei. - A riqueza que o ladrão rouba e o fogo consome. Nosso tesouro está em nosso coração. De lá nem mesmo a morte é capaz de subtrair um único níquel. Nossa maior fortuna é a consciência pacificada, cujas moedas não trazem a efígie dos vencedores **do** mundo, mas dos vencedores **no** mundo, com as singelas ferramentas do trabalho e da abnegação.

E saiu decepcionado.

– Imagine! Recusar dinheiro – era o que repetia.

Todos os espíritos experimentam, no mesmo grau e durante o mesmo tempo, a perturbação que se segue à separação da alma e do corpo?

Não, isso depende da elevação de cada um. Aquele que já está purificado se reconhece quase imediatamente, visto que já se liberou da matéria durante a vida física, enquanto que o homem carnal, aquele cuja consciência não é pura, conserva por tempo mais longo a impressão dessa matéria.

O Livro dos Espíritos
Allan Kardec (pergunta 164)

UMA VISITA AO SOLAR DA MORTE

A MORTE TEM sempre a conotação que a estreiteza do nosso pensamento lhe atribui. Para uns, é o dissolver-se no nada. Para outros, é a volta ao seio da divindade, anulando-se a individualidade, retornando à generalidade que é Deus. Alguns a interpretam como causadora de uma metamorfose que capacitaria o espírito, desde que adotados certos postulados, a adentrar ao paraíso dos eleitos, onde viveria eternamente na ociosidade melíflua do éden. Terceiros imaginam esse fenômeno biológico, material e necessário, como um sonífero espiritual, impondo total letargia ao senhor da vida, que é o espírito, obrigando-o a esperar que Jesus retorne em aleluias, despertando-o para que possa, dessa forma, conviver e compartilhar da sua glória, amém. E a diversidade de interpretações não para por aí, dado que outros sustentam ser a morte uma linha divisória ou fator de separação entre os que se amam, um eterno ranger de dentes para os maus, ou, ainda, uma ceifadora injusta e incoerente, que muitas vezes poupa o facínora e põe por terra o servo fiel. Os "filósofos" que defendem tais conceitos costumam tachar a morte de mensageira sádica, porque leva o proletário suporte da família e esquece o hanseniano por longas décadas em seu cárcere privado. De todos esses, o que pensa mais infantilmente talvez seja aquele que se julga com credenciais para ocupar uma cadeira cativa no céu, simplesmente por ter tido o "mérito" de receber frágeis sacramentos por ocasião da sua passagem para o além-túmulo, como se a morte fosse um ato de canonização para os espíritos que os recebem.

Quimeras das quimeras de quem ainda não aprendeu que nem todo aquele que morre santificado pelos homens, aparece santificado perante Deus. Tolice das tolices, pois ninguém salva ninguém, apenas a si próprio, através do seu esforço em transformar-se para o bem, mediante a sublime melodia da caridade. Ingenuidade das ingenuidades, quando se pensa que a morte opera milagres, tais como transformar homens fúteis em santos, ignorantes em sábios, ociosos em trabalhadores, maledicentes em virtuosos.

O real e admissível é que a morte é uma lei da vida. Faz parte do ciclo vital, prescrevendo que todo ser vivo se reproduz e morre. A morte iguala a todos, quando se estabelece como parágrafo da lei, da qual ninguém consegue subtrair-se. Na verdade, ela deve ser considerada como a porta de libertação do espírito, condenado à prisão celular que o retém por largos anos em abençoado concurso de aprendizagem. O medo que algumas pessoas relacionam com a morte, provém do desconhecimento, da deseducação, da falta de espírito crítico e científico para com assunto de tal gravidade.

Podemos acrescentar ainda que a morte apenas transfere o espírito para outra ambiência, na qual ele continua a viver e a pensar. Ainda seremos os mesmos após a sua visita, após o nosso corpo passar a servir como pasto às bactérias. A individualidade se sobrepõe ao evento, e, diante da impossibilidade da ocorrência de metamorfoses instantâneas, capazes de nos atirar aos píncaros da glória sem o esforço da subida, voltamos à condição de inferioridade ou amenidade a que nos condenamos. Pessimismo? Acho que a palavra é coerência...

Da Terra, escola de aperfeiçoamento das almas, levamos os méritos e os deméritos apenas. Tudo o mais que se disser terá sido vã conversação, sementes atiradas ao pedregulho, sem suporte para a frutificação.

Tenho conversado, ao longo dos anos, com irmãos que, após transporem o portal do túmulo, surpreendem-se vivos, mesmo após esfacelarem o cérebro, ou explodirem o coração com mortíferos petardos. Impossível vencer a vida, que uma vez criada já faz parte da eternidade, como o seu criador.

Em uma reunião de desobsessão, um médium desdobrado foi ao cemitério, acompanhado de amigos espirituais, para resgatar e trazer à reunião uma mulher já desencarnada, cuja família muito se empenhara em orações a seu favor. Esse espírito permanecia preso ao cadáver, com a ideia cristalizada de que era preciso recuperá-lo, demorando-se nesse estado por várias semanas.

Eis o relato do médium:

– Estou desdobrado, e me encontro no cemitério. Comigo estão três amigos, já conhecidos nossos, que me advertem para o que vou presenciar. Um deles me diz:

– Em muitos dos seus desdobramentos nós o poupamos da visão das cenas mais desagradáveis e contundentes. Mas hoje, você verá tudo ao seu redor e deverá narrar minuciosamente tudo o que vir, para que sirva de estudo para o grupo. Você verá agora os mortos-vivos, aqueles que após a desencarnação permanecem ligados ao corpo em decomposição, como se fossem satélites agregados aos despojos, sem a devida força de libertação.

E o médium prossegue:

– Penetramos agora por entre os túmulos. Estou percebendo o horror, o pavor de que muitos são portadores. São espíritos deformados, roupas esfarrapadas, resto de areia nos olhos, na boca, pele ressequida, espectros, um misto de corpo e esqueleto em constante desespero. Eles perambulam entre os túmulos, sem ânimo de se afastarem deles. Alguns estão percebendo a nossa presença e tentam se aproximar, mas os espíritos os afastam com um gesto de mão. O quadro é tétrico. Alguns se apresentam dentro de caixões, outros gritam sob as picadas agudas dos vermes que os corroem. Estou observando um desses irmãos desesperado, que corre até o portão, mas não consegue sair. Ele volta sempre ao local onde seu corpo foi sepultado, como se fosse atraído por um magnetismo superior à sua vontade. Agora vamos na busca ao espírito a quem temos que resgatar. Estou passando por um local onde depositaram restos de crânios e ossos. Aqui a vibração nos causa profundo mal-estar. Vejo espíritos sofridos que procuram seus ossos, gritando como se fossem loucos, por não os encontrar. Nossos amigos estão explicando que esses irmãos se voltavam exclusivamente para o aspecto material da vida. Foram avarentos inveterados, egoístas extremados, orgulhosos. Localizamos a mulher. Ela não ouve. Está em frangalhos. Seu cabelo é eriçado e sujo. Cristalizou a ideia da morte e apenas vê e vive o seu pavor. Os espíritos vão fazê-la comunicar-se através de mim. Quando a ligação foi feita, ela continuava ainda em estado de choque. Não me ouvia. Pensava estar no cemitério e apenas pedia socorro. Submetendo-a ao choque anímico, ministrei-lhe uma descarga fluídica com ambas as mãos. A esquerda sobre a testa e a direita sobre a nuca. (região cervical da coluna) Ela acordou. Saiu do torpor. Mas, o desespero continuava. Depois de razoável conversação, ela entendeu estar entre amigos e ter sido retirada do cemitério. Igualmente entendeu estar viva, embora trajando farrapos e com o corpo (espiritual) com alguns hematomas. Pediu roupas novas e admirou-se por estar em um centro espírita. Segundo ela, não simpatizava com aquilo. Era católica, mas para sair daquele lugar aceitaria ajuda até dos espíritas.

– De qualquer maneira, muito obrigada – disse-me em tom aliviado.

E partiu para novas realidades.

Quais são em geral, as consequências do suicídio sobre o estado do espírito?

As consequências do suicídio são muito diversas: não há penas fixadas, em todos os casos, são sempre relativas às causas que o provocaram, mas uma consequência à qual o suicida não pode fugir é o desapontamento. De resto, a sorte não é a mesma para todos: depende das circunstâncias. Alguns expiam a sua falta imediatamente, outros em uma nova existência que será pior que aquela da qual interromperam o curso.

O Livro dos Espíritos
Allan Kardec (pergunta 975)

O SUICIDA

ANTES DA REUNIÃO de desobsessão, notamos na aparência de um dos médiuns, a visível depressão de que era portador. Apresentava fraqueza, sudorese e ligeira taquicardia, segundo nos informou. Sendo comuns tais ocorrências nesses dias, nos quais os sintomas são transmitidos aos médiuns pelos enfermos a quem estão ligados, não nos empenhamos em auxílio imediato ao companheiro, preferindo aguardar a comunicação que ocorreria alguns minutos depois.

Abrimos um parêntese, para dizer que muitos médiuns neófitos, sem orientação segura, estudo e vontade firme em aperfeiçoar sua mediunidade, ausentam-se da reunião por esse motivo, julgando que os sintomas decorrem de anomalias físicas, sem perceberem que, estranhamente, eles só aparecem no dia da reunião. Agindo assim, eles perdem a oportunidade de auxiliar aos companheiros a que estão ligados, obrigando os mentores a improvisar o atendimento por meio de outros médiuns presentes à reunião. Às vezes, a improvisação é feita com sucesso, e o irmão necessitado não precisa esperar mais uma semana para ser atendido. No entanto, na maioria dos casos, isso sobrecarrega os presentes, que já estavam com suas cotas de trabalho preenchidas. Mas, que fazer? Submetem-se de boa vontade ao trabalho "extra", com a certeza de que é sempre bom ser o doador, e que, em uma casa de trabalho e oração, os seus habitantes não podem nem devem agir contrariamente às normas ditadas pela caridade, a qual, unida à disciplina, deve formar os dois únicos e preciosos artigos da constituição de uma reunião desobsessiva.

Pois bem. Terminada a prece inicial, o companheiro gemeu em dor aguda.

– Me ajudem! Acho que vou desencarnar!

O grupo permaneceu em prece e os passistas acorreram em seu auxílio. O médium incorporado lançava jatos de vômito sobre eles. A agonia atingia o ápice. Mais um pouco e talvez uma parada cardíaca fosse inevitável. De imediato, avisei a outro médium:

– Prepare-se! Você vai receber esse espírito!

Mal terminei o aviso, os mentores o transportaram para o outro médium, que igualmente começou a vomitar e a debater-se em agonias profundas. Passados alguns instantes, nos quais o grupo soube demonstrar controle, as preces, os passes e o amparo de Jesus atuaram como calmantes. Ele aquietou-se e adormeceu.

Fiquei intrigado. Como nunca assistira antes a cenas tão dramáticas, fiquei aguardando as explicações dos mentores, os quais não se fizeram esperar.

– Foi um caso de emergência. Esse irmão suicidou-se há quatro dias, e hoje, encontrando o médium, o acompanhou. Como ele não podia ficar ligado ao sofredor, pois isso lhe traria sérios danos à saúde, tivemos que providenciar o atendimento para que o enfermo adormecesse e pudesse ser deslocado para outra região. Normalmente, participamos em conjunto desse tipo de trabalho, durante o sono físico de vocês. Entretanto, este foi uma emergência, que graças a Deus culminou em sucesso.

- Por que tanto vômito? - inquiri.

- O suicídio foi praticado com o uso de um forte veneno, o qual danificou todo o aparelho digestivo do infeliz irmão.

Os médiuns que auxiliaram o necessitado entraram em sono profundo durante toda a reunião. Um outro médium, em desdobramento, acompanhou-os até uma região verdejante, descrevendo o atendimento que lhes estava sendo prestado, com vistas à recuperação de suas energias. Os espíritos lhes aplicaram passes e os deixaram em região saturada de fluidos vitais, com o que se recuperaram plenamente.

Ao final da reunião perguntei ao médium que viera ligado ao suicida:

- Você está bem?

- Sim! - respondeu ele - mas um tanto cansado.

[illegible]

[illegible]stência e bom ânimo, para que o trabalho do Cristo não viesse a sofrer interrup[illegible]

[illegible] nos compreendermos a razão da ausência de alguns no costumeiro trabalho durante [illegible]

[illegible] mesma responder, visto manterem-se firmes no propósito de acertar, frente aos [illegible]

[illegible] então dialogar com o dirigente espiritual, que elucidou:

[illegible] acompanhando a série que a televisão está mostrando (Holocausto) e como a [illegible]

[illegible]es e violentas, elas vão durar com tais cenas registradas na mente, dificultan[illegible]

[illegible] para a baixa no trabalho? — insisti.

[illegible] preocupam-se com os episódios e dificultam o desdobramento na hora aprazada [illegible] dos acontecimentos, ficam a discutir ou sonham em busca dos locais dos ocorridos [illegible] algum personagem. Ocorre, ainda, que lembranças podem aflorar do incons[illegible] que funciona como indutor na evocação de vidas passadas. Falo em tese. Conti[illegible]ado a certo desalinho emocional nos médiuns que ainda não conseguem desligar[illegible] o fato. Vocês já sabem como proceder: deitar, orar, mentalizar todo o grupo em [illegible] para o trabalho de Jesus. Chamo ainda a atenção dos irmãos para as leituras [illegible] supérfluas e o excesso de alimentação carnívora, fator que dificulta o desdobramento [illegible] excesso pode estar dificultando a saída do trabalhador, ou o seu encontro com a e[illegible] [illegible]tê-lo. Coragem irmãos! Lembremo-nos do sábio conselho de Paulo quando afirma [illegible] tudo nos convém. Estreitamos mais a conversação com alguns médiuns nos dias se[illegible] [illegible] passou a interessar-se pela história dos judeus nos tumultuados dias da Alemanha [illegible] todos espíritas, ainda que momentaneamente. Outro nos disse que durante o [illegible] da fome. Um terceiro me confidenciou estar abusando da carne por ter recebido [illegible]

[illegible] que devemos evitar o excesso desse alimento, pelos fluidos pesados de que [illegible]

[illegible] não faz tanto mal assim!

[illegible] do segundo, mas pelo que carne, que tem fluidos muito mais fracos que a [illegible]

[illegible] mais conscientes de que o errado não deveria repetir-se. Ao final, disse-lhe[illegible]

[illegible]

Qual o tipo mais perfeito, que Deus ofereceu ao homem para lhe servir de guia e modelo?

Vede Jesus.

O Livro dos Espíritos
Allan Kardec (pergunta 625)

O LAGARTO

EM *O LIVRO DOS ESPÍRITOS*, respondendo à pergunta 625, o espírito de Verdade adverte que Jesus é o nosso guia e modelo. Apesar disso, muitos irmãos buscam, inadvertidamente, imitações que se diversificam no famoso bezerro de ouro, nas águias douradas, nos dragões fumegantes, nos leões bravios, de modo que não me espantarei se aparecer qualquer dia desses, para ser reverenciada, uma preguiça de barro. É notório que o homem, ainda preso à materialidade do ver para crer, ou sentir para aceitar, necessita do culto exterior, das imagens e símbolos, dos rituais e penduricalhos para forçá-lo a uma convergência com o poder maior, muitas vezes considerado como algo igualmente material. Muitos irmãos ainda não se desvencilharam da ideia antropomórfica da divindade, imaginando Deus como um bondoso velhinho de barbas brancas, rodeado de anjos cuja função precípua é tocar harpas e voar ao seu redor, em mesuras e cortesanias. Julgam outros que existe um céu, lugar geográfico, para onde irão após a morte, igualmente para descansar e ouvir tais sinfonias. Pergunto: Quem é que suportaria viver, digamos, cem anos sem fazer nada, sem morrer de tédio ante tal apatia?

A verdade é que os homens preferem conceitos que não os obriguem a maiores esforços, ou que apaziguem suas consciências atribuladas, apenas por meio do recolhimento silencioso, em verdadeiros processos de fuga. Tola ilusão! Ninguém foge de si mesmo. O homem moderno procura construir um castelo para as suas necessidades materiais, deixando somente o sótão como habitação do espírito. Vive adotando sistemas filosóficos inócuos, ou o desculpismo, ou, o que é pior, procurando inverter valores e conceitos, de modo a fazer com que o erro pareça natural, sem acarretar prejuízos ou consequências posteriores, tachando as virtudes de coisas arcaicas e "caretas", como se o verdadeiro pudesse tornar-se falso e o falso, verdadeiro, de acordo com as nossas conveniências.

No íntimo, são simples mecanismos de fuga, engendrados pela mente ociosa e desacostumada à disciplina, com a finalidade de amenizar as suas faltas graves.

A respeito de imitação, no transcurso de uma reunião de desobsessão, o médium vidente avisou-me que estava observando uma cena estranha: via duas crianças semelhantes, no traje, no físico, na idade, e ambas traziam um ramalhete de flores. A única diferença era que o ramalhete de uma delas estava um pouco murcho.

Comunicou-se então a primeira. A voz era infantil, parecia meiga, dizendo querer distribuir flores para os participantes da reunião.

– Por que suas flores estão murchas? – indaguei.

– Mas elas não estão murchas.

– Estão sim! Estão queimadas e sem perfume.

A fisionomia do médium foi se transformando, retratando a metamorfose do comunicante.

– Acho que você devia ser sincero – disse eu. – Isso já é grande coisa em um homem.

Jogou então o ramalhete fora, num acesso de raiva, e passou a insultar-me.

– Você não é capaz de ver flores? Pois veja se é capaz de dizer-me como estou agora! Agora eu sou você. E agora eu sou essa mulher. E agora eu sou esse careca...

E imitou, tomou a aparência de cada um de nós, em estranho fac-símile, como nos confidenciou o vidente após a reunião.

– Não é à toa que me chamam "O Lagarto". Tanto imito a voz, como a aparência. Tomem cuidado, porque em breve eu voltarei aqui.

Seu plano era fazer-se passar pelos dirigentes da casa, dando-nos conselhos e passando-nos diretrizes desagregadoras, para criar um clima de mal-estar, desconfiança, ciúmes, competição, no seio do grupo. Pretendia particularizar, citar nomes, elogiar, tornar-nos invigilantes, para que seus companheiros tivessem livre acesso ao trabalho do grupo.

Terminada a conversa com o lagarto, a criança Lucinha, desencarnada por um tiro, relatou-nos o seu espanto por ver uma outra criança igual a si, dizendo que iria nos presentear com rosas frescas e perfumadas.

Pensei então: como deve ser bela a rosa que recebi. O espírito, para criá-la, deve ter o senso de estética, amor à natureza, à cor, ao perfume, deve sentir-se agradecido a Deus pela existência de tal ornamento dos campos.

Não! O lagarto não criaria uma dessas. O bem e o belo são inerentes aos bons espíritos. Ele foi traído por esse simples detalhe. Não ser capaz de criar uma flor.

... que alguns que ...

... para que o trabalho do Cristo não viesse a sofrer interrup-

...stência e boa ânimo, para que o trabalho do Cristo não viesse a sofrer interrup...

... nos compreendemos a razão da ausência de alguns no costumeiro trabalho durante...

... responder, visto manterem-se firmes no propósito de acertar, frente aos...

... muito dialogar com o dirigente espiritual, que elucidou:

... acompanhando a série que a televisão está mostrando (Holocausto) e como a...

... e violentas, eles vão dormir com tais cenas registradas na mente, dificultando...

... para a busca no trabalho? – insisti.

... impressionam-se com os episódios e dificultam o desdobramento na hora aprazada...

... acontecimentos, ficam a discutir ou vagar em busca dos locais dos acontecimentos...

... algum personagem. Ocorre, ainda, que lembranças podem aflorar do inconsciente...

... que foram como indutor na evocação de vidas passadas. Fato em tese. Com...

... certo desalinho emocional nos médiuns que ainda não conseguem desligar...

... Vocês já sabem como proceder: deitar, orar, mentalizar todo o grupo...

... para o trabalho de Jesus. Chamo ainda a atenção dos irmãos para as leituras...

... e o excesso de alimentação carnívora, fator que dificulta o desdobramento...

... pode estar dificultando a saída do trabalhador, ou o seu encontro com a e...

... Coragem irmão! Lembramo-nos do sábio conselho de Paulo quando afirma...

... nos caminhar. Estreitamos mais a conversação com alguns médiuns nos dias...

... a interessar-se pela história dos judeus nos famigerados dias da Alemanha...

... dos espíritos, ainda que momentaneamente. Outro nos disse que durante a se...

... Um terceiro nos confidenciou estar abusando da carne por ter ...

... que devemos evitar o excesso desse alimento, pelos fluidos pesados de q...

... fez tanto mal assim!

... de segunda, mas pelo que carne, que tem fluidos muito mais fracos que...

... conscientes de que o errado não deveria repetir-se. Ao final, disse-lhe...

Que pensar da crença no poder que teriam certas pessoas de fazer malefícios?

Certas pessoas têm um poder magnético muito grande, do qual podem fazer um mau uso se seu próprio espírito é mau e, nesse caso, elas podem ser secundadas por outros maus espíritos. Mas não acrediteis nesse pretendido poder mágico que não existe senão na imaginação de pessoas supersticiosas, ignorantes das verdadeiras leis da natureza. Os fatos que mencionam são fatos naturais mal observados e, sobretudo, mal compreendidos.

O Livro dos Espíritos
Allan Kardec (pergunta 552)

FEITIÇARIA

UM VISITANTE COMUM nas reuniões de desobsessão é o espírito mercenário, ou seja, aquele que trabalha para prejudicar a outro em troca de bebidas alcoólicas, charutos, sangues de animais e outras quinquilharias. Em geral, são forçados a essa visita pelos encarregados da defesa e segurança dos trabalhos da casa espírita. Estes são espíritos robustos, índios ou antigos milicianos, que formam uma espécie de tropa de choque, usando a energia quando necessário - mas nunca a violência - pois, como sentinelas a serviço do bem, a ele se dedicam em tarefas "físicas", mas integrados à harmonia geral da casa. Agem quando requisitados por seus superiores, para a guarda do centro espírita, para trazer obsessores renitentes, para retirar à força espíritos rebeldes da residência dos médiuns, para ir aos cemitérios e recolher os artífices de feitiçarias, fazendo com que eles se comuniquem, com o que se pode neutralizar o trabalho que lhes fora encomendado sabe-se lá por qual invigilante. Quando eles se recusam a "desfazer" o trabalho, o que é incomum, competentes técnicos do plano espiritual procedem ao "desmancho", de vez que entendidos em magia negra, estão a postos para essas eventualidades.

A área delimitada pelo centro espírita sério jamais está desprotegida. Sendo alvo de muitos ataques por parte da treva, está constantemente guardado por "guerreiros", espíritos que quando encarnados exercitavam-se e tinham afinidades com artes marciais ou tendências belicosas, mas que, agora, fazendo a opção pelo bem, de boa vontade se oferecem para zelar pela paz dinâmica do centro, impedindo o ingresso de perturbadores e malfeitores comuns. Geralmente são irmãos sem grande lastro intelectual, mas bastante disciplinados e fiéis aos seus superiores, conscientes de que servindo ao bem geral, estão servindo a Jesus, e até mesmo àqueles a quem conseguem impedir, algumas vezes, de cometer maiores desatinos.

Os espíritos ligados à feitiçaria não se sentem bem nas reuniões espíritas. Observam o ambiente, e, ao registrarem a ausência de rituais, símbolos, pontos riscados, cachaça, charutos, impacientam-se, preferindo a retirada, o que em geral não lhe é permitido, sendo obrigados à conversação com o dirigente do trabalho. Aí, tentam negociatas, ameaçam, dizem que não podem desfazer os trabalhos porque não os trazem consigo. Mas, desmascarados pelas sentinelas, sempre acabam por obedecer, mesmo a contragosto, às ordens do doutrinador.

Às vezes o médium, através do desdobramento, acompanha os milicianos com finalidades de estudo e adestramento, ocasião em que tem oportunidade de observar o trabalho em cemitérios, ou o sacrifício de sapos e bodes, a estripação de gatos, a retirada de cinzas e cabelos de mortos, a colocação de nomes e figuras em vísceras e crânios ressequidos. Essas coisas todas costumam ser feitas porque os espíritos ignorantes imaginam que há necessidade desses rituais, por desconhecerem que todo o processo poderia ser resumido a uma ação conjunta da mente e dos fluidos, e também porque tais afazeres impressionam tanto aos que os praticam, como a qualquer um que, menos avisado dos processos cármicos, acredite na possibilidade de um pretenso poder maléfico subverter a ordem natural do "destino" do ser humano.

Tais espíritos adotam nomes bizarros tais como "Caveira", "Tranca Rua", "Negro Gesso", "Mulher de Sete Maridos", "Pomba--Gira", esperando conquistar, pelo nome que ostentam, o respeito e o temor das pessoas. Quando comparecem aos centros, recebem a caridade da prece, que rejeitam, e a disciplina dos milicianos, à qual se submetem, porque, acostumados ao manuseio de materiais grosseiros, impressionam-se com as armaduras, chicotes, espadas, arcos e flechas dos milicianos, temendo-os, também, pela superioridade que estes apresentam.

Quem trabalha na desobsessão sabe que a feitiçaria existe e pode ser eficaz, embora os seus efeitos, como todo o mal, sejam passageiros e transitórios. Deve-se ressaltar, contudo, que ninguém recebe o que não merece, ou seja, apenas será prejudicado aquele que está na situação de devedor perante a lei divina e resiste em efetuar o pagamento através da moeda do amor.

Uma noite, comunicou-se um espírito dizendo-se vítima de feitiçaria, afirmando estar com a barriga cheia de pregos.

- Veja! - dizia ele - quando pego aqui (no ventre) sinto as pontas dos pregos.

E continuou com a sua história:

- Foi um trabalho que fizeram para mim. Aquele homem do terreiro disse que eu nunca mais ia ter saúde, que eu ia morrer com a barriga cheia de pregos.

A indução fora fortíssima. Ele caíra na sintonia pelo medo. Aos poucos, interiorizara aquela ideia dos pregos na barriga, acabando por criar em sua mente o quadro descrito pelo feiticeiro.

Eu lhe disse que iria retirar todos os pregos através de uma prece a Jesus.

- Será que Jesus tira esses pregos? - perguntou.

– Tira! Jesus não foi um carpinteiro? E não foi também o melhor médico? Quem melhor que um carpinteiro-médico para lhe tirar os pregos?

Ele concordou e começamos a prece. Durante a oração pedi mentalmente aos espíritos amigos que o fizessem ver pregos em minhas mãos, e que, por processos hipnóticos e magnéticos, ele pudesse identificar tais objetos como sendo os que estavam em seu ventre, sentindo-se, assim, livre da flagelação.

Após a prece, eu lhe disse:

– Olhe agora para a minha mão. Retirei todos os pregos da sua barriga.

Então ele olhou para a minha mão e, apalpando o ventre, perguntou-me, espantado:

– Como você fez isso?

– Não fui eu! Foi o carpinteiro-médico de que lhe falei.

Ele tomou-se de admiração. Sorria. Dizia-se livre.

Queria ir depressa mostrar o milagre a um amigo. Quando ia retirar-se, adverti-o:

– Espere! Tenho um recado do carpinteiro para você.

– Para mim?

– Sim! Para você. Deixou escrito uma frase para que você pudesse evitar uma outra doença.

– E qual é essa frase?

–Não peques mais, para que não te aconteça algo pior.

E saiu maravilhado.

... De resto, é certo que a substituição dos espíritos pode dar lugar a uma multidão de enganos, e que disso podem resultar erros e, frequentemente, mistificações; é essa uma dificuldade do espiritismo prático, mas nós não dissemos jamais que esta ciência era uma coisa fácil, nem que se podia aprendê-la brincando, não mais que nenhuma outra ciência. Não é demasiado o repetir: ela exige um estudo assíduo e, frequentemente, longo demais, não podendo provocar os fatos é preciso esperar que eles se apresentem e, no geral, eles são conduzidos por circunstâncias das quais nem ao menos se sonha. Para o observador atento e paciente, os fatos se produzem em quantidade, porque ele descobre milhares de nuanças características que são, para ele, rasgos de luz. Assim o é nas ciências vulgares, enquanto que o homem superficial não vê em uma flor senão uma forma elegante, o sábio nela descobre tesouros pelo pensamento.

O Livro dos Espíritos
Allan Kardec (introdução - tomo 12 - último parágrafo)

A MORDIDA

A MEDIUNIDADE PARA nós, apesar de ser assunto de constantes estudos e debates, ainda é desconhecida em muitos pormenores. Quem dirige ou trabalha em reunião de desobsessão sabe do seu dinamismo, da sua diversificação, sabe que nenhuma reunião se iguala a outra, oferecendo base para pesquisas cada vez mais aprofundadas. Daí decorre a necessidade urgente e inadiável de os médiuns e, mais ainda, o doutrinador estudarem esse tema fecundo, criando, paralelamente à reunião, um grupo de estudos espíritas voltado para os debates das questões que enfrentam no cotidiano.

Médium sem estudo é aprendiz mistificado. Doutrinador sem estudo é dirigente ludibriado. Quem dirige a reunião deve, entre outras coisas, entender um pouco de psicologia humana, um pouco de História da Humanidade, para orientar-se nos casos ligados a eventos históricos, e conhecer muito de doutrina espírita, para saber argumentar e contra-argumentar. O mesmo conselho se aplica aos médiuns. Em mediunidade, a boa vontade apenas não é suficiente; amor apenas, é ingenuidade. O médium sem estudo assemelha-se verdadeiramente a uma ave decepada que, por possuir uma única asa, não apresenta condições de voo. Mediunidade sem Kardec é apenas mediunismo, onde o praticante facilmente se deixa enganar pelo que vê, pelo que sente, ou pelo que ouve, não somente por excesso de confiança, mas também por ignorância, por desconhecimento dos complexos mecanismos que, em conjunto, constituem a teoria e a prática mediúnicas.

Estudar e amar são, portanto, palavras de ordem em uma reunião de desobsessão. Estudar os fluidos, o perispírito, a obsessão, a mediunidade; amar ao próximo e ao trabalho, pois sem amor à mediunidade jamais haverá bons médiuns, visto que, para se exercer bem uma profissão, ou desempenhar bem qualquer missão, é necessário amor ao que se faz. O resto é jogar conversa fora. Dizer-se sem tempo para o estudo é argumentar sem solidez. Essa desculpa é alegada por muitos que, não obstante, desperdiçam horas na frente da televisão, ou se dedicam a conversas fúteis, perdem-se no excesso de sono, nas pseudos necessidades de lazer ou nos atendimentos às obrigações sociais.

Ânimo para o estudo! Suor no trabalho! Ausentar-se disso é candidatar-se ao título tão comum na humanidade moderna, tratando-se de verdades espirituais, qual seja, o de ignorante!

Um dos médiuns da nossa seara, bastante estudioso e sensato, encontrava-se em casa, certa feita, quando se defrontou com um espírito em atitude zombeteira e agressiva. Ele mudava o seu próprio aspecto, ora apresentando-se como um ser normal, ora como um vampiro de longas presas, prestes a atacar o médium. Este, contudo, diz com firmeza que não teme a sua aparência, por saber tratar-se apenas de modificações facilmente introduzidas em sua estrutura perispiritual por uma vontade firme. O espírito, vendo que não conseguia quebrar-lhe a serenidade, disse:

- Você foi salvo pelos seus conhecimentos. Eu pretendia provocar-lhe um susto tão grande, a tal ponto que o seu coração de beato parasse de bater. Mas, pelo seu atrevimento, e por estar pensando que eu não posso causar-lhe nenhum mal, vou lhe deixar a minha marca.

E deu-lhe tremenda mordida na nuca, deixando a região dolorida por alguns dias.

- Pensei que isso não pudesse me acontecer. Que os irmãos me protegeriam - disse-me o médium.

Às vezes, certas lições são necessárias para o nosso aperfeiçoamento, concluímos juntos. O homem confiante e prevenido tem o seu valor dobrado.

stância e bom ânimo, para que o trabalho do Cristo não viesse a sofrer interru

aos companheiros a razão da ausência de alguns no costumeiro trabalho duran

ma responder, visto manterem-se firmes no propósito de acertar, frente ao

então dialogar com o dirigente espiritual, que elucidou:

acompanhando a série que a televisão está mostrando (Holocausto) e como a m

e violentas, eles vão dormir com tais cenas registradas na mente, dificultan

para a busca no trabalho? — inquiri.

preocupam-se com os episódios e dificultam o desdobramento na hora aprazada

dos acontecimentos, ficam a discutir ou saem em busca dos locais das ocorrê

ou alguns personagens. Ocorre, ainda, que lembranças podem aflorar do incons

que funciona como indutor na evocação de vidas passadas. Falo em tese. Co

ndo certo desalinho emocional nos médiuns que ainda não conseguem desliga

Vocês já sabem como proceder: deitar, orar, mentalizar todo o grupo e

para o trabalho de Jesus. Chamo ainda a atenção dos irmãos para as leituras

oportunas e o excesso de alimentação carnívora, fator que dificulta o desdobram

pode estar dificultando a saída do trabalhador, ou o seu encontro com a e

Coragem irmãos! Lembremo-nos do sábio conselho de Paulo quando afirm

nos convém. Estreitamos mais a conversação com alguns médiuns nos dias s

passou a interessar-se pela história dos judeus nos tumultuados dias da Alemanh

dos espíritas, ainda que momentaneamente. Outro nos disse que durante o

do filme. Um terceiro me confidenciou estar abusando da carne por ter rece

que devemos evitar o excesso desse alimento, pelos fluidos pesados de q

faz tanto mal assim!

de segunda, mais pelo que carne, que tem fluidos muito mais fracos que o

mais conscientes de que o errado não deveria repetir-se. Ao final, disse-lhe

Não há senão os espíritos elevados que cumprem missões?

A importância da missão está em relação com a capacidade e a elevação do espírito. O estafeta que leva um despacho cumpre também uma missão, mas que não é aquela do general.

O Livro dos Espíritos
Allan Kardec (pergunta 571)

BRAVURA DE GUERREIRO

LUIZ TIBIRIÇÁ É um amigo índio (desencarnado) que impressiona à primeira vista pelo seu porte majestoso de guerreiro. Traz além da lança em forma de U na extremidade, um chicote enrolado no ombro e outros instrumentos selecionados segundo a missão que vai desempenhar.

Ele é acompanhante dos médiuns em resgates perigosos, em ambientes de grande hostilidade. Traz obsessores rebeldes que necessitam comparecer à reunião, exus ou quaisquer outros "agressores de aluguel" para que possam desfazer seus trabalhos, muitos dos quais feitos contra o grupo mediúnico. E isso ele faz como ninguém.

Depois de tantos anos de convivência com ele, aprendi que suas armas não são ornamentos estéticos. Na hora de utilizá-las ele não vacila, malgrado a opinião de alguns "amantes de mansidão", que geralmente nunca participam de uma reunião de desobsessão para verificar de perto a violência que é praticada pelos espíritos trevosos, em nome da "justiça".

Estes se arvoram em "defensores da justiça", e em nome dela praticam as maiores atrocidades, espalhando a violência e o medo, sendo eles mesmos facínoras, criminosos, torturadores, tentando burlar a lei travestindo-se de justiceiros.

As pessoas que acham ser falta de caridade uma palavra enérgica, a imobilização de um agressor, a sua prisão em grades, o tolhimento da visão, a interrupção da voz... não entendem que existe um limite para o livre-arbítrio, que se ultrapassado exige cerceamento imediato a favor da ordem e da disciplina universais. Os bons espíritos não podem nem devem ficar inertes diante das agressões das trevas, pois estaria caracterizada a "omissão dos bons" também no plano espiritual.

Agressores ficam impunes entre os encarnados, por força do dinheiro que possuem. Mas no plano espiritual a moeda é a virtude. Os dirigentes espirituais não permitem que agressores fiquem imunes aos apelos da justiça; querem que eles esgotem seus estoques de violência e maldade e decidam por si próprio largar o punhal e tomar o arado.

"Pode um homem mau, com o auxílio de um mau espírito que lhe é devotado, fazer mal ao seu próximo?

- Não, Deus não o permitiria." (*O Livro dos Espíritos* - pergunta 551)

Pois é! Deus não permite. Como Deus não vai pessoalmente em forma de figura humana e toma a pulso o espírito mau, utiliza seus auxiliares em qualquer estágio de evolução. Quanto a trazê-los imobilizados, é pelo fato da recusa a um convite formal e à zombaria que fazem dos conselhos evangélicos.

Por isso, em reuniões mediúnicas sérias, existem sentinelas que as protegem da invasão e do ataque de espíritos trevosos que a têm como quartel inimigo. Natural que haja lanceiros, guerreiros, bravos como Luiz Tibiriçá. Se a ordem é trazer alguém, logo mais esse alguém aparece; com seus pés ou carregado; de mãos livres ou enlaçado por seu chicote.

Tenho presenciado centenas de vezes a lança encostada no pescoço de vampiros que procuram prejudicar os médiuns. Os exus costumam dizer: "Só estou aqui porque foi esse índio que me trouxe. Senão..."

"Mas o que é isso? O senhor está fazendo apologia da violência?" Acalmem-se os "mansos e pacíficos" e fiquem certos que sou totalmente contra a violência; por isso mesmo devo zelar para que não a pratiquem. Creio que Tibiriçá responderia assim.

Uma noite, enquanto transcorria em ritmo acelerado a reunião de desobsessão, uma das médiuns me chama discretamente e diz: "Estou desdobrada. Mas ocorre que eu estou me vendo criança. Meu perispírito modificou-se independente de minha vontade e está aparentando uns doze anos de idade."

Então, como um raio, um vampiro sexual toma-lhe o corpo carnal e exclama: "onde está a menina? Eu preciso pegá-la!"

O vampiro respirava ofegante, procurando a vítima para saciar-se. Entendi rapidamente o que se passava. Os dirigentes espirituais haviam atraído o vampiro à reunião utilizando a médium como isca. Como fiquei sabendo depois, aquele vampiro havia sido um estuprador de crianças. Tinha preferência por elas.

Coloquei uma das mãos sobre a testa da médium e outra sobre a sua nuca, e ele então percebeu que caíra em uma armadilha. Começou a sentir choques provindos de minhas mãos. Estava desesperado (seu estado natural). Assemelhava-se a um dependente de drogas na síndrome de abstinência. "Eu preciso de sexo! Eu preciso dessa menina!" Repetia com delírio.

De tanto procurar reter o clímax do orgasmo, tornara-se um louco.

Foi então que o ouvi dizer: "Não faça isso, homem! Você é louco? Não faça isso! Tire essa lança daí!"

– Se você não ficar bem quietinho, o índio decepa o seu órgão.

E para surpresa minha ele deu tremendo grito de dor e exclamou: "Você é louco! Você cortou! Como vou viver agora?!"

E foi retirado com aquela cena gravada na memória. Depois perguntei à médium que sensação ela sentira por ocasião do corte.

O espírito sentiu-se decepado. Tanto sentiu a dor como a exclusão do órgão. Foi a primeira vez que vi Tibiriçá fazer isso e confesso que não entendi bem. "Será que aquilo se passou apenas na mente do espírito ou realmente a lança decepou o órgão?" Foi a pergunta que ela me fez.

Só havia uma maneira de saber: perguntando a Luiz Tibiriçá. E foi o que fizemos.

Passadas duas semanas do episódio, já no final da reunião, ele tomou a palavra e disse: "você queria falar comigo e aqui estou. Pode perguntar o que quiser sobre o acontecido com o vampiro sexual."

– Gostaria de saber se a sua lança decepou o órgão sexual daquele pobre louco ou se os espíritos utilizaram alguma técnica para que ele se sentisse decepado.

– O pobre louco a que você se refere foi um maníaco sexual com preferência por crianças, havendo violentado várias delas. Na prisão onde foi encarcerado, os outros presos o castraram, por considerá-lo um infame indigno de viver. Quando desencarnou, continuou com a sua loucura sexual, transformando-se em perigoso vampiro, que precisava ser detido a fim de não provocar crimes bárbaros, através de influência sobre outros desajustados ainda em permanência na carne. A ordem que recebi de meus superiores foi trazê-lo à reunião, no que utilizei a médium como isca. Quando ele se viu aprisionado, encostei a lança em seu órgão, mas não o decepei. Os dirigentes da reunião fizeram nele uma regressão de memória, obrigando-o a regredir ao momento em que fora castrado. Devo dizer que ele sentiu toda a dor da castração e saiu daqui convicto de que estava sem o órgão sexual.

– E quanto àqueles que se sentem amarrados, tolhidos, chicoteados, com coceiras, queimaduras...

– O trabalho que faço está diretamente ligado à linguagem que o espírito entende. Utilizo fluidos urticantes, encosto a lança no pescoço dos valentões e não vacilo em usar o chicote quando necessário. Sei que você sabe que isso não me dá prazer, mas se é para fazer não dou viagem perdida. Se é para o bem, se é uma ordem superior, se é por amor a Deus, considero a missão cumprida. Alguém teria que fazer esse trabalho. Os bons espíritos, doces e meigos, têm outras ocupações e confiam em nós, guerreiros, para essas tarefas específicas.

- Entendi, meu amigo. Quando chegar por aí, vamos fazer umas caçadas.

Tibiriçá, que tem olhos serenos contrastando com seu corpo atlético, não conseguiu esconder a sua risada.

trabalho do Cristo não viesse a sofrer

compreendermos a razão da ausência de alguns no costumeiro trabalho

mantiveram-se firmes no propósito de acertar, frente aos

dialogar com o dirigente espiritual, que elucidou:

a série que a televisão está mostrando (Holocausto) e como

eles vão dormir com tais cenas registradas na mente, dificultando

ou trabalho? – indagou.

se com os episódios e dificultam o desdobramento

ficam a discutir ou sonham em busca dos locais dos ocorridos

personagens. Ocorre, ainda, que lembranças podem aflorar

funciona como indutor na evocação de vidas passadas.

certo desalinho emocional nos médiuns que ainda não conseguem

Vocês já sabem como proceder: deitar, orar, mentalizar todo o grupo

trabalho de Jesus. Chamo ainda a atenção dos irmãos para as leituras

e o excesso de alimentação carnívora, fator que dificulta o desdobramento

pode estar dificultando a saída do trabalhador, ou o seu encontro com

Coragem, irmãos! Lembremo-nos do sábio conselho de Paulo

Estreitamos mais a conversação com alguns médiuns nos dias

a interessar-se pela história dos judeus nos tumultuados dias da Alemanha

espíritas, ainda que momentaneamente. Outro nos disse que durante

Um terceiro nos confidenciou estar abusando da carne por ter

que deveremos evitar o excesso desse alimento, pelos fluidos pesados

fez tanto mal assim!

segunda, mas pela que carne, que tem fluidos muito mais fracos

conscientes de que o errado não deveria repetir-se. Ao final,

Se o médium é de baixa moral, os espíritos inferiores se agrupam em torno dele e estão sempre prontos a tomar o lugar dos bons espíritos a que ele apelou. As qualidades que atraem de preferência os espíritos bons são: a bondade, a benevolência, a simplicidade de coração, o amor ao próximo, o desprendimento das coisas materiais. Os defeitos que os afastam são: o orgulho, o egoísmo, a inveja, o ciúme, o ódio, a cupidez, a sensualidade e todas as paixões pelas quais o homem se apega à matéria.

O Livro dos Médiuns
Allan Kardec (cap. XX - tomo 227)

A INVIGILÂNCIA

MUITO CEDO FUI advertido pelos espíritos a respeito da minha responsabilidade quanto aos trabalhos escritos. Era um velho compromisso assumido. E compromisso assumido deve ser compromisso cumprido, é o conselho que tenho ouvido de parte desses amigos. Eles me revelaram que em outras encarnações eu já escrevera algo, mas que havia sido impedido de publicar os meus escritos devido a perseguições religiosas. Ainda segundo eles, era chegado agora o momento oportuno para voltar a escrever, considerando-se que o preconceito já não era tão acirrado como no passado.

Como preparação para essa tarefa, criei um grupo de estudos espíritas com enfoque na área filosófico-científica, cujas reuniões ocorrem duas vezes ao mês, com o objetivo de, através da mediunidade psicofônica, psicográfica e sobretudo do desdobramento, pesquisar e estudar, assistindo a experiências, cirurgias, tratamentos, filmes, aulas, acidentes, resgates, e toda sorte de atividades desenvolvidas no plano espiritual, com o aval dos espíritos amigos, que nos tomaram como aprendizes. Recomendaram, todavia, a observância de rígida disciplina, dedicando pelo menos meia hora por dia ao estudo metódico, além da vigilância e da oração, tendo em vista que a tarefa de esclarecimento espiritual atrai contra si a antipatia dos espíritos ignorantes, que, sentindo-se infelizes, queimam-se de inveja e consideram como inimigos aqueles que, através do esforço, tentam moralizar-se e libertar-se pelo conhecimento da verdade.

O mundo espiritual é desconhecido mesmo para os que lá residem. Com seus inumeráveis cenários, plasmados pelo pensamento dos circunstantes, é tão diversificado quanto o é o pensamento daqueles que o habitam. Dessa forma, os ambientes variam desde regiões plenas de luz e cor, adocicadas pela harmonia dos bons pensamentos, até a treva mais densa, onde gritos, uivos são constantes, onde figuras pavorosas se deslocam, vergadas pela dor e pelo sofrimento, pois não há paz e alegria senão na luz. Nessas regiões trevosas existem as organizações chefiadas por espíritos perversos, que, por sua crueldade excepcional, assumem a posição de mando, organizando perseguições, vinganças, vampirizações, disseminando pesar e lágrimas, atingindo vasta população encarnada e desencarnada que deve à lei da vida.

Tais entidades somente podem ser arrancadas dessa situação pelo arrependimento ou pelo "basta" da lei, que, através de reencarnações compulsórias marcadas pela idiotia, pela loucura, ou por outras patogenias severas, obriga esses infelizes a voltar ao mundo que ajudaram a piorar, para a colheita de seus frutos. Alguns são aprisionados em regiões do plano espiritual, pois, sendo seu estado vibratório insuportável para o renascimento, uma vez que poderiam levar à morte quem os acolhesse no ventre, necessitam primeiramente de um estágio para alijar-se de tão lancinante carga.

Alguns desses espíritos se organizaram para atacar o nosso grupo de estudos, resultando em tremenda pressão sobre os médiuns, forçando-os à redobrada vigilância no dia a dia. Aqui, a situação na área doméstica de um se agravava pela afobação de seus familiares invigilantes. Ali, inimigos gratuitos no trabalho afiavam suas tesouras em pesadas críticas. Outros eram perturbados por dores de cabeça e insônias. Terceiros se desmotivavam nos estudos. Era a invigilância. Mas os espíritos amigos não interferiam em nosso livre-arbítrio.

Um dia, começamos a reunião armando o cenário costumeiro. Ligamos o gravador, microfones, lançamos no ar a música e procedemos ao teste de gravação. O aparelho funcionava, mas não gravava nenhum som. Fizemos uma revisão minuciosa da aparelhagem, sem nenhum resultado prático. Efetuamos nova revisão e novos testes e nova decepção... Iniciamos a reunião sem o som. No entanto, deixamos o gravador ligado para um último teste através da leitura do evangelho, como sempre, precedida pela prece inicial. Voltamos a fita e, para alegria nossa, verificamos que a leitura do evangelho havia sido registrada, iniciando-se a gravação em baixa intensidade sonora, a qual fora se elevando gradativamente, terminando em condições normais de escuta. Ouviu-se então a palavra do nosso instrutor, esclarecendo o ocorrido:

– Nós, que formamos a equipe responsável por este trabalho, não medimos esforços, dia e noite, para que as informações que nos são solicitadas cheguem até vocês com o máximo de fidelidade possível. Mas a equipe solicita dos médiuns vigilância, disciplina, dedicação. Não estamos desapontados, mas apreensivos quanto ao trabalho de hoje, para o qual os esforços tiveram que ser redobrados, por causa da invigilância de alguns médiuns. A equipe encarregada dos trabalhos teve que efetuar um serviço quase que braçal para retirar do ambiente espíritos sintonizados com os médiuns pela falta de vigilância no pensar. O trabalho que aqui se faz, voltado para as informações futuras, é seríssimo, efetuado por uma equipe de mais de vinte cientistas, dedicados em contínua concentração, para o esclarecimento dos irmãos. Esse trabalho que nós, desencarnados, e vocês, encarnados, desenvolvemos, tem utilidade para os dois planos, uma vez que as informações organizadas em livros têm aplicação aqui no mundo espiritual, para fins de estudos e experiências. Médicos, pesquisadores, estudantes buscam aprender com vocês. Esse é o nosso recado, para lembrar que a disciplina, a vigilância, a oração, o estudo, o amor, a dedicação, devem fazer parte da vida de todos nós. Lembro que todos se comprometeram a atuar na área de informações, reencarnando cientes de que seriam auxiliares nessa tarefa de compilação. Nós não podemos estar vinte e quatro horas por dia com vocês, para neutralizar pensamentos negativos e sintonias estabelecidas. Não podemos fazer a parte que cabe a cada um. Meu recado é um chamamento à responsabilidade. Jesus Cristo é o nosso único modelo. Ele nos ensinou a vigiar e orar. E o médium espírita não pode esquecer que esses devem ser os fundamentos básicos de sua vida. Muita paz! Muita luz! Não queremos de maneira alguma que se sintam intimidados, repreendidos ou obrigados a fazer o que lhes dissermos. Mas que a lição de hoje sirva de advertência, pois assim como a observação de uma cirurgia serve como lição científica, a queda por invigilância deve servir como lição moral. Jesus esteja sempre com todos nós.

Nessa noite, os videntes observaram, tanto fora do centro como no seu interior, a presença de vários espíritos dispostos a interferir no nosso estudo. Alguns deles, pelo seu poder mental, aliado a técnicas já por eles dominadas, conseguiram interferir no gravador, para que a mensagem não ficasse gravada na fita. Somente com a prece, a leitura do Evangelho e a música ambiente, foi possível aos espíritos trabalhadores da casa neutralizar a sintonia estabelecida, retirando do recinto a tropa que viera combater-nos. É provável que os nossos amigos conseguissem realizar esse trabalho sem a nossa ajuda. Mas era necessário quebrar a sintonia pois, do contrário, os inimigos, atraídos pelo pensamento invigilante, nos aguardariam fora do centro para nova temporada de aventuras. O gravador funcionou maravilhosamente durante o restante da reunião, sob os olhares espantados de alguns médiuns.

Avaliamo-nos. Era verdade! Em sã consciência havíamos falhado na lição primária para quem adentra em tais caminhos: **A VIGILÂNCIA.**

Certas pessoas creem ter uma vaga lembrança de um passado desconhecido que se lhes apresenta como a imagem fugidia de um sonho que se procura em vão reter. Essa ideia não é uma ilusão?

Algumas vezes é real; mas, frequentemente, é uma ilusão contra a qual é preciso se colocar em guarda, porque pode ser o efeito de uma imaginação superexcitada.

O Livro dos Espíritos
Allan Kardec (pergunta 396)

REENCARNOU EM ATLÂNTIDA

NÃO CAUSA ADMIRAÇÃO, por ser comum nos centros espíritas, a presença, entre os aprendizes da doutrina, de pessoas que adoram ser enganadas, empavonando-se com os elogios recebidos, servindo-se da chuva de confetes e lantejoulas para robustecer pelo avesso o seu ego, supervalorizando tesouros inexistentes, sem perceberem que estes são, antes de tudo, resultado do esforço e da perseverança nas exaustivas batalhas que temos de travar contra nós mesmos, usando a lixa e o buril para corrigir nossas deformações. Muitos de nós nutrimos, a nosso respeito, a ilusão de que somos evoluídos apenas porque gozamos de relativa saúde, vamos sobrevivendo apesar da crise econômica e social, porque ainda não enfrentamos a desencarnação trágica de nenhum dos nossos filhos e a miséria absoluta ainda não ronda a nossa palhoça. Ocorre, entretanto, que muitas vezes os problemas graves ainda se distanciam de nós em face da nossa fragilidade espiritual, pois, se tivéssemos de sorver integralmente o amargo cálice da provação no momento presente, seríamos esmagados pela dor superlativa, cujo enfrentamento exige robusto suporte moral, somente conquistado no contexto evangélico que só a duras penas instalamos em nosso coração. Entramos no espiritismo, mas, o espiritismo não entra em nós, forçando-nos à construção da nossa fé, cujas paredes devem ser constituídas de disciplina, e a cobertura, de caridade. Mas sempre chega o dia em que, estando preparado o aprendiz, o mestre aparece, traçando-lhe as lições necessárias. Em muitos casos, o mestre é justamente a dor.

Estava sentado, certo dia, meditando um pouco antes da reunião, quando uma senhora, neófita na doutrina, me abordou risonha:

- Já tive várias vezes o mesmo sonho. Vejo-me em certa área de terra, com água à minha direita e à minha esquerda. É um cenário que me lembra a Atlântida. Penso que já reencarnei lá e esses sonhos são recordações dessa remota existência. O que você acha?

Fiquei surpreso com aquela pergunta infantil.

- É possível, minha irmã! Mas é possível também que seja o Atlântico, alguma ponta de praia que a irmã tenha visitado.

- Não! Não! Estou certa que é Atlântida mesmo.

Seguindo o velho conselho de meu pai, que dizia: "para conversas loucas orelhas moucas", desconversei, imprimindo novo rumo ao diálogo.

Durante a reunião, aproveitei o ensejo e perguntei:

- Chico! (trabalhador desencarnado de nossa casa) Você ouviu aquela conversa lá fora com aquela senhora?

- Sim! A razão do sonho é um trauma que ela não conseguiu superar, adquirido em vida anterior, quando morava junto à poluída lagoa onde morreu afogada.

O homicídio é um crime aos olhos de Deus?

Sim, um grande crime, porque aquele que tira a vida de seu semelhante, corta uma vida de expiação ou de missão, e aí está o mal.

O Livro dos Espíritos
Allan Kardec (pergunta 746)

UM PUNHAL PARA O DOUTRINADOR

O QUINTO MANDAMENTO bíblico, "não matarás", é tomado por muitos como referência a ser aplicada somente aos seres humanos, quando a sua real interpretação deve estender-se às diversas formas de vida e também a outras coisas: não matar a esperança, a harmonia, a alegria...

Há pessoas tão derrotistas que contaminam ou envenenam o dia ensolarado do irmão, retirando-lhe o assobio dos lábios, escurecendo a réstia da microscópica felicidade que este conseguiu reter como motivação para aquele dia. Esquecem que nunca se deve tirar a esperança de alguém, pois pode ocorrer ser esse o único bem que este possua na vida. E como procedem? Usam o seu pessimismo como punhal em forma de palavra, que ora se apresenta azeda, ora crítica, ora maliciosa ou odienta.

A felicidade integral ainda não é deste mundo, bem o sabemos. Mas a felicidade parcial, o instante feliz, o momento pleno de emoção desinteressada, estes nós podemos construir com o nosso suor e nosso amor. Tudo se situa no campo das prioridades do espírito. Para alguns, o máximo da satisfação é assistir a um filme pornográfico ou passar uma noitada entre garrafas e cigarros, comentando o trivial e a futilidade. Essa, contudo, é a falsa satisfação que gera uma felicidade também falsa, o que se patenteia na depressão orgânica e moral que surge no momento posterior. Já para outros, o máximo da satisfação é o trabalho espírita, o atendimento aos necessitados, a visita ao leprosário, a oferta do remédio ao doente. Essa satisfação gera uma felicidade relativa que fortalece o espírito, vigor que se reflete no seu físico em forma de jovialidade, de brilho auricolor, de paz de consciência. Não é a paz de consciência um estado de felicidade? Matar, portanto, só aos nossos vícios e defeitos, através de férrea disciplina, administrada por amor a nós mesmos, facultando-nos a ausência de maiores dores futuras.

Amando-nos sem narcisismo, poderemos amar aos nossos semelhantes. Poderemos igualmente preparar o banquete do amor na presença dos nossos inimigos, como lembra o salmista. E quais são os nossos maiores inimigos? Se perguntarmos à nossa consciência, esta não se recusará a responder.

A respeito de matar, recebi, em plena reunião de desobsessão, através do médium vidente auxiliar, o aviso de que se aproximava sorrateiramente de minha pessoa um padre trazendo um punhal escondido dentro de uma *Bíblia*. Preparei-me. Sabia que os dirigentes da casa haviam permitido o seu ingresso no ambiente para que pudéssemos auxiliá-lo de alguma forma.

De repente, o médium sobressaltou-se como se tivesse sido atingido por um choque. Mas era apenas o impacto do fluido grosseiro do companheiro comunicante. Ele trazia a mão fechada em atitude agressiva, e, após olhar ao redor da sala, falou como que para consigo mesmo:

– Estou procurando uma pessoa para dar-lhe um presente...

– O presente é esse que você traz escondido na *Bíblia*?

– Como é que você sabe? Você é bruxo?

– Não, meu irmão! Fui advertido de que você trazia um punhal escondido.

– O punhal é para você! Vou matá-lo!

Levantou o braço e tentou desferir o golpe. Não conseguiu concluir o gesto. Foi contido pelo médium e pela equipe espiritual, que imobilizaram a sua mão.

- Por que você quer me matar? - perguntei.

- Porque você está atrapalhando demais os nossos planos.

- Mas você não leu, não viu que o punhal estava justamente sobre a página onde estava escrito "não matarás"?

- Eu não sou padre. Apenas me disfarcei para entrar aqui e matá-lo. Este punhal não é para o seu corpo. É uma arma especial para atingir o seu perispírito. Ainda vou conseguir, seu bruxo. Seus dias estão contados.

- Sei que estão contados, amigo. Mas a soma foi feita por Deus e não por você.

Segundos após a comunicação, o médium, através de psicografia, trouxe-nos o seguinte recado de nosso dirigente.

"Esse irmão pertence a uma organização trevosa conhecida pela sua crueldade, frieza e maldade. Seu chefe intitula-se: 'Golias, o grande'. Eles lutam com grande agressividade para atingir seus objetivos. Rotulam-se de 'Filhos das Trevas'. Lembramos aos irmãos que somente a fortaleza, a harmonia, a união de pensamentos no amor, devem ser a nossa arma contra as suas investidas."

sistência e bom ânimo, para que o trabalho do Cristo não viesse a sofrer interru

aos companheiros a razão da ausência de alguns no costumeiro trabalho durante

com responder, visto mantermo-nos firmes no propósito de acertar, frente aos

então dialogar com o dirigente espiritual, que elucidou:

acompanhando a série que a televisão está mostrando (Holocausto) e como a ma

violentos, eles vão dormir com tais cenas registradas na mente, dificultan

para a baixa no trabalho? — indaguei.

preocupam-se com os episódios e dificultam o desdobramento ou bom aproveitamento

dos acontecimentos, ficam a discutir ou sonham em busca dos locais dos acontecimentos

com algum personagem. Ocorre, ainda, que lembranças podem aflorar do incons

que funciona como indutor na evocação de vidas passadas. Foto em tinta. Con

dores certo desalinho emocional nos médiuns que ainda não conseguem distinguir

leito. Vocês já sabem como proceder: deitar, orar, mentalizar todo o grupo em

para o trabalho de Jesus. Chamo ainda a atenção dos irmãos para as leituras

espirituais e o excesso de alimentação carnívora, fator que dificulta o desdobramento

os pode estar dificultando a saída do trabalhador, ou o seu encontro com a

Coragem irmãos! Lembremo-nos do sábio conselho de Paulo quando afirma

nos compete. Estreitamos mais a conversação com alguns médiuns nos dias se

a interessar-se pela história dos judeus nos tumultuados dias da Alemanha

dos espíritas, ainda que momentaneamente. Outro nos disse que durante o sono

do filme. Um terceiro me confidenciou estar abusando da carne por ter recebido

sabe que devemos evitar o excesso desse alimento, pelos fluidos pesados de que

não faz tanto mal assim!

da segunda, mais pelo que carne, que tem fluidos muito mais fracos que a

mais conscientes de que o errado não deveria repetir-se. Ao final, disse-lhe

Pode um homem mau, com a ajuda de um mau espírito que lhe é devotado, fazer mal ao seu próximo?

Não, Deus não o permitiria.

O Livro dos Espíritos
Allan Kardec (pergunta 551)

TÉCNICA DE COMBATE

É SABIDO POR todos que ingressam nas fileiras mediúnicas, que o escudo da prece e a armadura da vigilância são ferramentas do cotidiano na construção de muralha protetora contra o assédio dos espíritos imperfeitos. Estes nos observam diuturnamente, como um clínico a auscultar os sintomas – que sempre existem em nossa intimidade, visto nos encontrarmos ainda distantes da tão desejada saúde moral capaz de nos colocar a salvo de tais companhias. Sempre recomendamos que o ambiente da reunião de desobsessão fique resguardado de conversações fúteis, ou mesmo amenas sobre fatos acontecidos na semana. Esse conselho, entretanto, mostra-se às vezes de difícil acolhimento, em virtude da invigilância dos médiuns.

O fato é que os espíritos necessitados de atendimento, os obsessores, os suicidas já se encontram no recinto, além dos nossos colaboradores espirituais, empenhados em avaliar atentamente a nossa boa vontade e responsabilidade. Por isso, só devemos ficar no ambiente da reunião, mesmo que por breve minuto que a anteceda, para preces ou meditações sobre a temática do bem, harmonizando-nos assim com o clima psíquico salutar já preparado pelos operários da caridade.

Em uma dessas conversações, uma das médiuns falava sobre pequena enfermidade de seu marido, também trabalhador da casa, o qual atuava como doutrinador em trabalho de educação mediúnica. Dizia a irmã:

- Meu marido há três dias está com um sério problema na coluna. Ele não está podendo nem se mexer. Pediu para que nós fizéssemos uma vibração para ele.

Durante a reunião, comunica-se um espírito, com ares de vencedor, dirigindo-se à companheira cujo marido estava enfermo:

- Eu já iniciei o trabalho de acabar com o grupinho. Comecei pelos mais fracos. Bastou um jeitinho na coluna e ele caiu como uma galinha morta.

Tive no momento cristalina intuição de que era um pobre sofredor querendo tirar vantagem por meio da informação que ouvira. Estava se fazendo passar por feiticeiro, imputando a si poderes que não possuía e que nem sequer entendia, imaginando, com isso, tornar-se temido, respeitado, ou que o doutrinador o tratasse com distinção pelo pseudoestrago que dizia ter causado em nossas tarefas.

Estudando o caso com mais cuidado depois da reunião, registramos as consequências que poderiam advir para o grupo, caso cedêssemos à sua ameaça.

A atitude do espírito, tentando apresentar-se como o autor da enfermidade em nosso trabalhador, constitui mais uma técnica de combate, muito usada pelas entidades que se empenham em dispersar participantes de grupos espíritas. Suas intenções eram, na realidade:

Desacreditar o doutrinador enfermo perante o grupo, que poderia considerá-lo invigilante, porque teria possibilitado a ação do agressor por ter-lhe cedido alguma brecha ou espaço.

Deixar o próprio companheiro em dúvida quanto ao seu desempenho, podendo torná-lo indeciso, vulnerável e menos enérgico para com os agressores, por reconhecer-se igualmente falho. Esse tipo de pensamento é perigoso demais para quem é doutrinador.

Exaltar e tornar patente o seu pseudopoder de ascendência sobre os médiuns, apresentando-se como capaz de subtrair-lhes a saúde. O médium que o admitisse como possuidor de tais poderes, entrando na faixa do medo, poderia ficar neutralizado para o serviço, e teria grandes possibilidades de realmente adoecer.

Fizemos esses esclarecimentos à guisa de estudo, mas conscientes de que o companheiro enfermo não se deixaria levar imaturamente pela patranha de um reles principiante nas refinadas artes do engodo.

...stância e bom ânimo, para que o trabalho do Cristo não viesse a sofrer interrup...

...aos companheiros a razão da ausência de alguns no costumeiro trabalho durante...

...puderam responder, visto manterem-se firmes no propósito de acertar, frente aos...

...pude então dialogar com o dirigente espiritual, que elucidou:

...acompanhando a série que a televisão está mostrando (Holocausto) e como a...

...e violentas, eles vão dormir com tais cenas registradas na mente, dificultando...

...para a busca no trabalho? – insisti.

...preocupam-se com os episódios e dificultam o desdobramento na hora aprazada...

...dos acontecimentos, ficam a discutir ou vagam em busca dos locais das ocorrências...

...com alguma personagem. Ocorre, ainda, que lembranças podem aflorar do inconsciente...

...que funciona como indutor na evocação de vidas passadas. Falo em tese. Conf...

...ocasiona certo desalinho emocional nos médiuns que ainda não conseguiram desligar...

...certo. Vocês já sabem como proceder: deitar, orar, mentalizar todo o grupo unido...

...para o trabalho de Jesus. Chamo ainda a atenção dos irmãos para as leituras...

...oportunas e o excesso de alimentação carnívora, fator que dificulta o desdobramento...

...pode estar dificultando a saída do trabalhador, ou o seu encontro com o...

...Coragem irmãos! Lembramo-nos do sábio conselho de Paulo quando afirma...

...nos convidar. Estreitamos mais a conversação com alguns médiuns nos dias se...

...passou a interessar-se pela história dos judeus nos tumultuados dias da Alemanha...

...dos espíritas, ainda que momentaneamente. Outro nos disse que durante o sono...

...do filme. Um terceiro me confidenciou estar abusando da carne por ter recebido...

...sabe que devemos evitar o excesso desse alimento, pelos fluidos pesados de que...

...não faz tanto mal assim!

...de segunda, mais pelo que carne, que tem fluidos muito mais fracos que a...

...mais conscientes de que o errado não deveria repetir-se. Ao final, disse-lhe...

Os espíritos influem sobre os nossos pensamentos e nossas ações?

A esse respeito a sua influência é maior do que credes porque frequentemente são eles que vos dirigem.

O Livro dos Espíritos
Allan Kardec (pergunta 459)

INTERFERÊNCIA

A INTERFERÊNCIA ESPIRITUAL em nossa vida é fator comum. Alimentamos e somos alimentados pelo nosso pensar. E é exatamente no campo dos pensamentos que as interferências mais se avolumam, a tal ponto que, se lançarmos no ar uma onda mental portadora de ideias deprimentes, poderemos provocar um estado depressivo em alguém que, através da sintonia, se faça receptor dessas emanações. Devemos pensar que podemos promover, involuntariamente, o otimismo ou o pessimismo conforme o teor dos pensamentos que emitimos, desde que exista a sintonia. E bem sabemos que sempre existe, em algum lugar, alguém capaz de sintonizar-se com qualquer tipo de pensamento emitido. Por isso, nunca estamos a sós, pois sempre nos vinculamos às companhias que se identificam com o nosso clima psíquico, que nos buscam pela conhecida lei de afinidade. Importa, porém, distinguirmos aqui o pensar convicto do pensar acomodado. Quem pensa e tem convicção quanto ao seu pensamento, age conforme idealiza, caracterizando-se como fiel a si mesmo. E quem pensa acomodadamente, age conforme o menor esforço, não sendo fiel às suas ideias, assumindo a posição daquele que vê o bem, que o aprova, mas não o pratica. Ou seja, atua como a maioria dos habitantes da Terra.

Pensar positivamente significa confiar que se pode realizar transformações ou construções a partir de si próprio. Considerando-se que, mesmo entre os encarnados, o pensamento tem ação criadora, isso significa que nessa arquitetura, da qual somos partícipes, as técnicas são inúmeras e as formas variadíssimas. Esforcemo-nos, portanto, para aperfeiçoar nossas construções, dando-lhes utilidade, coerência e beleza, à semelhança das construções do divino arquiteto.

Ao iniciar o trabalho datilográfico de uma página introdutória de um estudo sobre a morte, comecei pelo título, que seria seguido de um poema de Manuel Bandeira, intitulado "A morte absoluta". Contudo, errei seguidamente, por três vezes, obrigando-me a proceder aos reparos devidos. Coloquei nova folha de papel na máquina, decidido a concentrar-me no teclado a fim de evitar novos transtornos. Para meu espanto, eis que, após escrever a palavra morte, a máquina emperrou, forçando-me a fazer uma ligeira vistoria, sem detectar nada de anormal. Desliguei-a e tornei a ligá-la para o reinício do trabalho. Tudo aparentava tranquilidade. Após alguns toques, novo entrave. Parei. Estaria o texto mal redigido? Intrigado, resolvi ler o poema mais detidamente:

"Morrer.
Morrer de corpo e alma.
completamente.
.........................."

Ao final da leitura, notei o teor pessimista da mensagem que iria enquistada no delicado estudo sobre a morte. Resolvi então substituir tal introdução por uma outra mensagem, agora traduzindo esperança, reencontro, alegria. A máquina deslizou sem empecilhos até o final do capítulo.

À noite, na reunião costumeira, minha mãe, já desencarnada, disse-me através da psicofonia de uma amiga:

- Mas você é cabeça dura, filho! Não sabe o trabalho que me deu para parar a sua máquina. Tive que ir atrás de um técnico, já que você não estava me escutando. Agora você aprendeu. Nem tudo que é belo é oportuno.

Aprendi e concordei. A poesia retratava a solidão, um momento depressivo do poeta, a doença que lhe marcou os anos e lhe frustrava os amores. Concordei plenamente com minha mãe, quando ela encerrou a comunicação dizendo:

- Meu filho! Na gramática do espírito, morte rima com esperança. Ânimo, poeta! Ainda lhe faltam alguns madrigais nesse seu livro.

...stência e bom ânimo, para que o trabalho do Cristo não viesse a sofrer interrup...

...amos compreendermos a razão da ausência de alguns no costumeiro trabalho durant...

...com responder, visto manterem-se firmes no propósito de acertar, frente aos

...ndo então dialogar com o dirigente espiritual, que elucidou:

...acompanhando a série que a televisão está mostrando (Holocausto) e como a ma...

...las e violentas, eles vão dormir com tais cenas registradas na mente, dificultan...

...para a busca no trabalho? – insisti.

...preocupam-se com os episódios e dificultam o desdobramento na hora apropriada

...dos acontecimentos, ficam a discutir no sono em busca dos locais dos ocorridos

...m alguns personagens. Ocorre, ainda, que lembranças podem aflorar do incons...

...que funciona como indutor na evocação de vidas passadas. Falo em tese. Con...

...ndo um certo desalinho emocional nos médiuns que ainda não conseguem desliga...

...fato. Vocês já sabem como proceder: deitar, orar, mentalizar todo o grupo e...

...para o trabalho de Jesus. Chamo ainda a atenção dos irmãos para as leituras...

...preferimos e o excesso de alimentação carnívora, fator que dificulta o desdobram...

...carnes pode estar dificultando a saída do trabalhador, ou o seu encontro com a e...

...tá-lo. Coragem irmãos! Lembremo-nos do sábio conselho de Paulo quando afirm...

...ndo nos convém. Estreitamos mais a conversação com alguns médiuns nos dias s...

...passou a interessar-se pela história dos judeus nos tumultuados dias da Alemanh...

...dos espíritas, ainda que momentaneamente. Outro nos disse que durante o sem...

...do filme. Um terceiro me confidenciou estar abusando da carne por ter receb...

...que devemos evitar o excesso desse alimento, pelos fluidos pesados de q...

...ão fiz tanto mal assim!

...a de segunda, mas pela que carne, que tem fluidos muito mais fracos que a...

...mais conscientes de que o errado não deveria repetir-se. Ao final, disse-lhe...

O espiritismo tornar-se-á uma crença popular ou ficará circunscrito a algumas pessoas?

Certamente ele se tornará uma crença popular, e marcará uma nova época na história da Humanidade, porque está na natureza e é chegado o tempo em que ele deve tomar lugar entre os conhecimentos humanos. Entretanto, ele terá grandes lutas a sustentar, mais ainda contra o interesse que contra a convicção, porque não é preciso dissimular que há gente interessada em combatê-lo, uns por amor-próprio, outros por causas inteiramente materiais. Mas os contraditores, achando-se mais e mais isolados, serão forçados a pensar como todo mundo, sob pena de se tornarem ridículos.

O Livro dos Espíritos
Allan Kardec (pergunta 798)

INIMIGOS DO ESPIRITISMO

APESAR DOS COMOVENTES testemunhos e da grandeza ímpar dos seus postulados, o espiritismo conta com inúmeros inimigos, arregimentados nas fileiras dos ignorantes, dos hipócritas, dos acomodados em seus dogmas e, sobretudo, entre aqueles que, portadores de má-fé, laboram conscientemente no sentido de barrar o expressivo crescimento espírita.

Desertores, acusadores, malversadores, dilapidadores da doutrina, cremos que existirão ainda por muito tempo. São como moradores das trevas, que, acostumados à sombra espessa, incomodam-se ante a luminosidade estelar dos ensinamentos espíritas, procurando embotá-los com o negrume dos seus atos. Ao se certificarem de que a função da doutrina é a de libertar o homem da sua carapaça de egoísmo, de que a evolução se impõe por acérrima batalha do ser humano contra si mesmo, de que o crescer espiritualmente a que estamos condenados é uma atitude intransferível, acovardam-se, restritos às suas insignificâncias e fragilidades, optando pela tentativa de burlarem a si mesmos e a seus irmãos. No entanto, não há como obscurecer a verdadeira mensagem espírita, uma vez que a lucidez foi a marca registrada de Kardec ao estruturá-la.

Os centros espíritas encontram-se geralmente sob fogo cerrado de seus inimigos encarnados e desencarnados. Épocas existem, em que a pressão é tamanha, por parte dos agitadores desencarnados, que a vida dos médiuns se torna um suplício, somente aliviado quando conseguem manter a fidelidade a Jesus, procedimento esse que lhes confere créditos para receberem a intervenção protetora dos bons espíritos em favor daqueles que perseveram na estrada da luz.

Houve uma ocasião, na fase de estruturação de nosso grupo mediúnico, em que os espíritos trevosos, após sucessivas tentativas frustradas de desestabilização da casa espírita, reuniram-se sob o comando de um deles, o mais cruel e tirano, investindo em todas as frentes com a intenção de sufocar-nos, forçando-nos a renunciar ao trabalho. Os problemas foram se avolumando. Aqui uma doença em casa. Ali a explosão incontida de um invigilante, por eles usado, no trabalho ou no lar. Os melindres entraram em cena, festejados na ribalta das fofocas. Havia ainda os cansados, desejosos de feriados, os sem tempo para o estudo; e os insatisfeitos contra os constantes conselhos dos bons espíritos, que incentivavam o ânimo e a oração.

Em plena reunião de desobsessão, quando a vibração decaíra pela apatia de alguns, os espíritos que nos orientavam deram-se as mãos, formando um cordão de isolamento em torno da mesa, portando escudos e aparelhos para nos protegerem de flechadas e descargas fluídicas perniciosas. Apesar disso, os espíritos trevosos trouxeram um mutilado, sanguinolento, que foi solto em plena sala para generalizar o pânico. O instrutor comunica-se e diz:

- Todos em oração! Nenhuma força há que supere a oração! Sustentamos a batalha e vencemos.

Ao final da sessão, reunimo-nos para discutir o ocorrido, concluindo pela necessidade de recordar as regras gerais estabelecidas pelo grupo e divulgadas a cada participante por ocasião do seu ingresso no trabalho prático. Eis o resultado de nossa reunião:

1. Vivência irrestrita da solidariedade, na dor, nos problemas pessoais, na alegria.
2. A qualidade é prioritária e não a quantidade.
3. Observância moral e alimentar, pelo menos no dia da reunião.
4. O médium que faltar a uma reunião, na próxima não irá para a mesa, e sim para a subcorrente.
5. O médium que se ausentar por três reuniões seguidas, sem um motivo realmente sério que justifique o seu impedimento, será substituído.
6. Não deverão assistir ou participar da reunião, companheiros não integrados nela.
7. Os médiuns deverão participar de outras atividades do centro.
8. Os médiuns deverão frequentar o grupo de estudos mediúnicos, criado para o seu aperfeiçoamento doutrinário.
9. Nenhum médium revelará suas intuições durante a reunião, a não ser com criterioso exame da coerência e da urgência delas.
10. Só o doutrinador falará com o espírito comunicante.

Após arrumada a casa, quer dizer, fortalecidas as grades da disciplina, o cadeado da oração, as dobradiças da vigilância e as trancas da caridade, a paz voltou a reinar como antes no quartel de Abrantes...

- Até quando? - perguntei baixinho a mim mesmo.

...am que alguns de nós estivessem ausentes...

...tência e bom ânimo, para que o trabalho do Cristo não viesse a sofrer interru...

...aos companheiros a razão da ausência de alguns no costumeiro trabalho duran...

...essa responder, visto manterem-se firmes no propósito de acertar, frente aos...

...ntou-nos dialogar com o dirigente espiritual, que elucidou:

...o acompanhando a série que a televisão está mostrando (Holocausto) e como a...

...na atuação, eles vão dormir com tais cenas registradas na mente, dificultan...

...ssa a busca no trabalho? – insisti.

...icionam-se com os episódios e dificultam o desdobramento na hora apropriada...

...dos acontecimentos, ficam a discutir no sono em busca dos locais dos acontecim...

...os algum personagem. Ocorre, ainda, que lembranças podem aflorar do incons...

...que funcionam como indutor na evocação de vidas passadas. Falo em tese. Co...

...adora certo desalinho emocional nos médiuns que ainda não conseguem disci...

...ais já sabem como proceder: deitar, orar, mentalizar todo o grupo e...

...para o trabalho de Jesus. Chamo ainda a atenção dos irmãos para as leituras...

...ortunas e o excesso de alimentação carnívora, fator que dificulta o desdobram...

...ncias pode estar dificultando a saída do trabalhador, ou o seu encontro com a e...

...ilho. Coragem irmãos! Lembremo-nos do sábio conselho de Paulo quando afirm...

...do nos cumpria. Estreitamos mais a conversação com alguns médiuns nos dias s...

...aram a interessar-se pela história dos judeus nos tumultuados dias da Alemanh...

...dos espíritos, ainda que momentaneamente. Outro nos disse que durante o sono...

...difíceis. Um terceiro nos confidenciou estar abusando da carne por ter receb...

...dar que devemos evitar o excesso desse alimento, pelos fluidos pesados de q...

...me fez tanto mal assim!

...ia da segunda, mais pela que carne, que tem fluidos muito mais fracos que o...

...mais conscientes de que o erro não deveria repetir-se. Ao final, disse-lhe...

Pode se libertar da influência dos espíritos que nos solicitam ao mal?

Sim, porque eles não se ligam senão aos que os solicitam por seus desejos ou os atraem por seus pensamentos.

O Livro dos Espíritos
Allan Kardec (pergunta 467)

DESAGRADÁVEL COMPANHIA

O PROBLEMA DA companhia prende-se, em última análise, aos tipos de pensamento que emitimos, frutos da nossa intimidade. Pensar significa, pela ótica espírita, emitir ondas carregadas de informações, imagens e até colorido. Quando essas ondas são persistentes, refletindo um desejo do espírito, eis que acorrem para atendê-lo, ou para simplesmente acompanhá-lo, os seus iguais, espíritos que, por união de esforços e mentes, influenciando-se reciprocamente, alimentando-se da mesma atmosfera ou clima psíquico, no fenômeno da sintonia gerada, partem para a materialização do desejo alimentado, do ideal acalentado, da ideia obsidente.

Nada melhor para identificar o espírito do que os seus pensamentos. Somos o que pensamos, e quando exteriorizamos uma ideia, fruto do nosso pensamento, ela sempre reflete aquilo que caracteriza o conteúdo do nosso coração. O estudo do pensamento como fator de atração e repulsão entre os espíritos veio destruir a ideia da solidão. Ninguém está só, desde que pense. E se pensa, pela lei das probabilidades, deve existir um outro que pense de maneira análoga pelo menos em relação a alguns desses conceitos. Se pensam de forma semelhante, estão na mesma frequência, de onde se conclui que estão solidários e presentes, em pensamento, um na vida do outro, pois onde estiver o pensamento, aí estará o espírito que o criou. Contamos, portanto, com as companhias que conquistamos pelo nosso pensar. São as nuvens de testemunhas das quais nos falou Paulo de Tarso, constituídas por entidades que se afinizam conosco por uma identificação clara e firme na área psíquica, o que nos torna irmanados com elas, manifestando-se em nós e através de nós, disseminando aquilo que as caracteriza, promovendo alegria ou mal-estar, de acordo com as ideias que agasalhem. Pensar, tanto entre os encarnados como entre os desencarnados, é a arte da criação, através da qual promovemos encontros ou desencontros, construímos ou destruímos, conforme seja o teor, benigno ou letal, da onda gerada por nós. Cuidar, pois, de selecionar os pensamentos, vigiar o verbo, acautelar-se no agir, são atitudes sensatas do aprendiz espírita. Agir como garimpeiro, separando na mina da mente, o cascalho representado pelos pensamentos fúteis, e retendo para lapidação o diamante do pensamento translúcido, joia rara que promove o bem. Infelizmente, grande parte da humanidade faz exatamente o oposto. Usa o cascalho das paixões materiais para soterrar o diamante da elevação espiritual.

Em um desdobramento efetuado por um dos médiuns, em reunião de estudos doutrinários, ele percebeu que não estava sozinho. Era seguido por desagradável companhia, entidade a ele ligada por sintonia estabelecida, como viemos a descobrir mais tarde, não pela sua insistência em pensar no objeto que dera margem à ligação, mas por não saber desligar-se, no momento preciso, de tal pensamento ou desejo. O processo de ligação do espírito ao médium ocorreu sem que este percebesse, em virtude do ambiente desagradável e promíscuo, frequentado por viciados e prostitutas pelo lado material, e de farta vampirização pelo lado espiritual, nos momentos em que se vê obrigado a tomar o ônibus para chegar até as proximidades do centro espírita.

Eis como ele próprio narra o que lhe sucedeu após o desdobramento:

- Nós estamos em uma sala, onde observamos algumas pessoas executando músicas. É uma orquestra, regida por um senhor bastante adestrado. Ao meu lado, um irmão que não conheço, diz que eu preciso voltar a determinado local, porque está havendo uma interferência na minha faixa mental, na minha vibração. Esta interferência ocorreu não por minha total responsabilidade. Um espírito aproximou-se de mim hoje, no local onde eu apanho a lotação, e seguiu junto comigo em desdobramento, como se estivesse imantado em meu perispírito. O meu retorno é para que os espíritos façam o desligamento. Esse vampiro imantou-se a mim sem que eu percebesse. Uma de suas ventosas está presa às minhas costas e a outra a meus órgãos intestinais. Agora, uma mulher está ministrando um passe sobre o vampiro, que ao sentir descargas energéticas à semelhança de choques, afasta-se aborrecido. Dois guardas o estão levando para a reunião que está ocorrendo no andar de baixo (desobsessão), onde ele deverá manifestar-se se houver médiuns adestrados para isso. Fui levado agora à Rua 24 de Maio, a rua onde ocorreu a ligação. Estou na esquina da 24 de Maio com Castro e Silva. Aqui há uma nuvem de espíritos, como se estivessem gritando, lutando, reivindicando alguma coisa. Noto que a maioria deles possui deformações físicas. Alguns vestem trajes estranhos. Outros se vestem como malandros, de chapéu, há muitos bêbados e meretrizes. O espírito que me trouxe aqui diz ser necessário que eu saia da faixa mental desses espíritos, mas eu não estou conseguindo. Estou um pouco confuso e não consigo subir, livrando-me deles.

Como dirigente, acorri junto ao amigo, dizendo-lhe:

- Vamos orar em conjunto.

E oramos! À proporção que rogávamos a Jesus o amparo e a proteção, a expressão do médium foi-se modificando, e ao final da oração exclamou:

– Eu consegui! Consegui subir! Estou bem no alto! Vejo as luzes bem pequenas... Estou novamente na sala de música. Há um piano branco e uma pessoa tocando uma música muito bonita e harmoniosa. O irmão que me acompanhou e me trouxe de volta explica que esses acordes precisam penetrar em mim, para que as notas musicais possam neutralizar os fluidos deixados pelo vampiro em meu perispírito. As notas são ao mesmo tempo fortes e suaves.

Após o atendimento ao médium é que conseguimos iniciar a reunião de estudos programada para aquele dia.

Conversei com ele posteriormente sobre o ocorrido. Havia sido invigilante no seu pensar. E concluímos ambos: Quão frágeis e dissonantes somos, que uma pequena linha basta para nos arrancar da sintonia, permitindo que nos leve à ventania, que ao seu sabor nos distancia o quanto deixarmos, do seguro porto da vigilância. Basta um filme erótico, um pensamento lascivo, um desejo oculto na área sexual. É o bastante para estabelecer uma sintonia, uma indução com ambientes dessa natureza.

– Vou pensar bem no que pensar – disse-me.

– E no momento em que pensar – acrescentei.

Quando os espíritos não respondem a certas perguntas é porque não querem ou porque uma potência superior se opõe a certas revelações?

Uma coisa e outra. Há coisas que não podem ser reveladas e outras que o espírito não conhece.

Insistindo-se bastante, o espírito acabará por responder?

Não, o espírito que não quer responder pode retirar-se sem dificuldade. É por isso que convém esperar quando vos mandam e sobretudo não insistir para obter resposta. A insistência por uma resposta que não vos querem dar é um meio certo de ser enganado.

O Livro dos Médiuns
Allan Kardec (cap. XXVI - tomo 288 - pergunta 5)

REGRA DOUTRINÁRIA

ACEITA-SE COMO REGRA geral durante uma reunião de desobsessão, que somente o doutrinador deve falar com o espírito comunicante, a fim de evitar que a sessão descambe para conversações inócuas ou inadequadas ao momento. O doutrinador deve estar atento aos movimentos e palavras do visitante, procurando traçar o seu perfil psicológico, classificando-o, no seu íntimo, como enviado ou não, da parte do bem, impondo a partir daí o rumo adequado ao diálogo.

Quando o comunicante fala em demasia, procurando gastar o tempo a ele concedido pelos bons espíritos, é a hora da prece, que quase sempre impõe silêncio ou respeito ao palrador. Quando o comunicante direciona a palavra a alguém em particular na reunião, em tática sutil de envolvimento, este deve permanecer silencioso, empenhado em sua concentração ou mentalização. Da mesma forma, ninguém deve interpelar o comunicante, pois este não deve ser encarado como correio do além, médico espiritual, mágico ou adivinho, que possa saber onde se encontra o sobrinho da prima da bisavó do interessado, desencarnada no século passado.

Enquanto o médium está servindo ao comunicante, sob o controle mental disciplinado daquele que o ampara, os demais devem obrigatoriamente permanecer em prece silenciosa ou vibração dinâmica, sem curiosidade acerca da comunicação, ou formulando juízo de quem fala. Os dirigentes espirituais da reunião procuram sempre intuir o doutrinador, já cientes da regra de que somente este é o porta-voz da espiritualidade no diálogo, cabendo lhe deliberar e impor o ritmo dos trabalhos. Por isso, as intuições chegadas aos médiuns, principalmente aos neófitos, não devem ser divulgadas apressadamente, mas, antes, submetidas ao crivo das três perguntas seguintes:

De onde vêm?

De quem vêm?

Por que vêm?

Somente após o médium responder a si mesmo, de maneira satisfatória, a essas três perguntas, ou seja, se as intuições provêm de fonte fidedigna, se são oportunas, urgentes e necessárias, ele poderá fazer um sinal discreto ao doutrinador, revelando em tom coloquial e de maneira sintética o conteúdo das informações captadas.

A esse respeito, ao iniciar o diálogo com um irmão desencarnado, procurando auscultar-lhe a intimidade, uma vez que jamais costumamos perguntar o nome, idade, sexo ou similares (não só por não ter a conversa características de interrogatório, mas sobretudo porque muitos deles desconhecem ou não se lembram dessas características, pelo estado de alienação em que se encontram) eu o saudei à maneira dos cristãos primitivos, desejando-lhe paz.

Como ele continuasse calado, uma irmã que atuava como médium de vibração, ao identificá-lo através da vidência, denunciou em voz alta para que todos ouvissem. (imprudência que só a falta de estudo e sensibilidade são capazes de justificar):

- Esse é o obsessor do nosso irmão M_____ disse a médium afoita.

- Obsessor é você, sua velha fofoqueira! - respondeu o comunicante.

Foi um momento desagradável que o tato remediou.

Tratando-se de reunião de desobsessão, devemos agir como nossos antepassados, que consideravam a palavra como sendo de prata e o silêncio de ouro. Ou como os chineses, que justificam a concentração e a contemplação que cultivam como hábito salutar, com a seguinte frase: "Quando as palavras valem menos que o silêncio, é melhor que se fique em silêncio." Ou ainda como o cidadão simples da nossa terra, repreendendo ao língua-solta: "Em boca fechada não entra mosca!"

stência e bom ânimo, para que o trabalho do Cristo não viesse a sofrer interru

os companheiros a razão da ausência de alguns no costumeiro trabalho durant

ao me responder, visto manterem-se firmes no propósito de acertar, frente aos

pude então dialogar com o dirigente espiritual, que elucidou:

acompanhando a série que a televisão está mostrando (Holocausto) e como é

e violentos, eles vão dormir com tais cenas registradas na mente, dificultan

para a busca no trabalho? — insisti.

impressionam-se com os episódios e dificultam o desdobramento na hora aprazada

dos acontecimentos, ficam a discutir ou sonham em busca dos locais dos aconteci

algum personagem. Ocorre, ainda, que lembranças podem aflorar de aconte

que funcionam como indutor na evocação de vidas passadas. Falo em tese. Co

certo desalinho emocional nos médiuns que ainda não conseguem desli

Vocês já sabem como proceder: deitar, orar, mentalizar todo o grupo

para o trabalho de Jesus. Chamo ainda a atenção dos irmãos para as leituras

e o excesso de alimentação carnívora, fator que dificulta o desdobram

pode estar dificultando a saída do trabalhador, ou o seu encontro com a e

Coragem irmãos! Lembremo-nos do sábio conselho de Paulo quando afirm

nos caminhos. Estreitamos mais a conversação com alguns médiuns nos dias s

a interessar-se pela história dos judeus nos tumultuados dias da Alemanh

dos espíritas, ainda que momentaneamente. Outro nos disse que durante o s

do filme. Um terceiro me confidenciou estar abusando da carne por ter receb

que devemos evitar o excesso desse alimento, pelos fluidos pesados de q

não for tanto mal, assim!

da segunda, mais pelo que carne, que tem fluidos muito mais fracos que a

mas conscientes de que o errado não deveria repetir-se. Ao final, disse-lhe

Por que no mundo, os maus, tão frequentemente, sobrepujam os bons em influência?

Pela fraqueza dos bons; os maus são intrigantes e audaciosos, os bons são tímidos. Quando estes o quiserem, dominarão.

O Livro dos Espíritos
Allan Kardec (pergunta 932)

A TERAPIA DA OBEDIÊNCIA

É COMUM NAS reuniões de desobsessão, o espírito rebelde não aceitar a argumentação do doutrinador, repelindo os conceitos evangélicos que o capacitariam, senão à paz, pelo menos ao conforto de livrar-se da incômoda posição de devedor sem posses, e iniciar o pagamento parcelado de suas promissórias cármicas. Além da recusa formal, demonstrada pela agressividade e pela intolerância, uma vez que somente não esbofeteia o doutrinador devido ao severo controle que o médium lhe impõe, ainda usa de todos os meios ao seu alcance para ridicularizá-lo. Uma das técnicas mais usadas por tais irmãos é falar ininterruptamente, sem permitir que o doutrinador intervenha. Com esta técnica, eles visam dois pontos, para eles, capitais. O comunicante que assim se apresenta vem disposto a não ouvir, pois imagina que, não ouvindo os lembretes evangélicos que lhe soam como reprimendas e acusações, reforçadas pela sua consciência, ele possa permanecer invulnerável em sua posição de satélite de ideias anestesiantes, que funcionam como antolhos contra a luz celestial, embora saiba, em sua intimidade, que contra a luz celestial não existem barreiras.

E assim procedendo, ele tenta esquivar-se de ceder ao chamamento da ternura, que possui o poder de abrir as portas do remorso ou do arrependimento, dando vazão aos sentimentos positivos que, às vezes, encontram-se apenas levemente adormecidos pelo narcótico do ódio e da insensatez.

A ternura tem o poder de abrir corações de pedra e derreter o gelo das grandes inimizades. Ninguém resiste à ternura por muito tempo. Ou se aceita o seu carinho, ou foge-se dela. Isso ocorre quando o doutrinador, agindo com habilidade, após escutar o drama do comunicante, revelado mesmo que a contragosto, detecta no escuro caminhar do infeliz, alguma fagulha argêntea que lhe tenha sido cara no passado. Essa fagulha pode surgir na figura de uma mãe, esposa, filha, de um amigo... O importante é trazer de volta essa emoção, que ele deliberadamente procura deixar lacrada em cofre forte, por saber que essas lembranças têm o poder de quebrar-lhe a guarda, de franquear uma passagem para a esperança que ele quer e ao mesmo tempo não quer, temendo fragilizar-se ao contato com ela. Para evitar esse enfrentamento, ele fala como um tonto, para que o doutrinador fique à margem, fazendo com que aquilo que deveria ser um diálogo se transforme em um monólogo.

Uma outra maneira de intimidação ao doutrinador, visando desmoralizá-lo, é a recusa do espírito em deixar o médium. Ele pode simplesmente dizer:

– Eu não vou sair! E agora? O que você vai fazer? Vai me amarrar? Me bater?

Muitas vezes eles são retirados à força pelos guardas milicianos, sentinelas da casa espírita. De outras vezes, através de técnicas hipnóticas, os espíritos os fazem sentir-se com o corpo em brasa, com queimaduras e coceiras contundentes, enorme peso na cabeça, chicoteados. Em absoluto isso constitui falta de caridade. É uma medida disciplinar necessária, sem a qual o espírito que assim procedesse, recusando-se a deixar o médium, simplesmente tomaria todo o tempo da reunião em ameaças e impropérios. O médium pode bloquear uma comunicação. Mas, uma vez concretizada, torna-se dificultoso o alijamento do hóspede abrigado. Esse é o motivo do rigor das técnicas usadas, que visam exclusivamente mostrar ao espírito revel que o seu pretenso poder é muito limitado e que a disciplina é regra áurea da reunião.

Lembro-me de que, certa feita, um desses espíritos garantiu que não deixaria o médium, e que poderíamos usar a técnica que desejássemos. Permaneci tranquilo e cerrei a mente em oração silenciosa. Ele passou a sentir chicotadas sobre o dorso e a dizer:

- Índio covarde!

A cada chicotada, contorcia-se como a sentir profunda dor. Suportou apenas três doses. Disse baixinho, talvez para consigo mesmo:

- Não vale a pena apanhar por tão pouco.

O índio a que ele se referia é um dos milicianos da casa. Um espírito de aspecto físico muito robusto, que foi resgatado por nossos amigos espirituais após a desencarnação e que, sentindo-se agradecido com o tratamento recebido, ofereceu os seus serviços na luta do bem contra a ignorância.

Em outra oportunidade, lidando com um outro companheiro rebelde e teimoso, os espíritos o fizeram sentir-se tolhido através de cordas. Ele não cedeu. Veio a cegueira. Ele passou a não mais visualizar nada ao seu redor. Apenas a treva da qual se dizia filho. Por último, a sensação de ter uma pedra sobre a cabeça, curvando para a frente, impossibilitando-o de voltar à posição vertical. Foi então que ele disse, em tom de quem "entrega os pontos":

- Vocês são piores do que a gente!

Um terceiro, que teimou em permanecer junto ao médium, para que este não continuasse o seu trabalho de atendimento aos enfermos, foi convidado a deixar-nos por um outro método bastante persuasivo. Notando que o Evangelho não lhe penetrava a consciência naquele momento, visto recebê-lo com zombaria e sarcasmo, procedi à prece costumeira, despedindo-me desejando-lhe paz.

- E quem foi que disse que eu vou sair? - foi a sua resposta.

- Você está preparado para as consequências da sua recusa?

– Muito bem preparado! Para o que der e vier. E bateu o pé no chão com muita força.

– Não torne a fazer isso! Dessa vez você teve sorte em não ter furado o pé com os pregos que eu coloquei no chão.

Ele bateu com mais força. Emitiu, porém, violento grito de dor, em virtude de ter tido a sensação de que seu pé havia sido perfurado por um prego, de modo que, entre choro e lamentos, qual menino desconsolado, retirou-se taxando-me de feiticeiro.

Assim é aplicada a terapia da obediência a tais irmãos, que, indigentes julgando-se superiores, inadaptados ao bem, ousam afrontá-lo, para continuarem envolvidos pelo clima desarmônico, tão peculiar em suas vidas, pelo maior tempo possível, anestesiando-se contra os afagos da quietude dinâmica da paz.

É certo que são espíritos necessitados. Mas a doce caridade do Evangelho não lhes penetra, no momento, a espessa couraça de ódio e indiferença a que se acostumaram. A disciplina, e não a violência, aqui se faz imperiosa, para que a força bruta não se sobreponha à harmonia geral, em um mundo no qual ela, a violência, já é bastante elástica pela omissão dos bons.

Poder-se-ia acusar a Deus de ser mal, pela existência do câncer, pela hanseníase, pela amputação do recém-nascido? Na história dos semeadores, alguns não utilizaram a gleba para a prosperidade das urtigas, e outros para vastos trigais? Seria possível à vida, tão sábia na matemática das penas e recompensas, tergiversar em tão delicado tema?

O celibato voluntário é um estado de perfeição meritório aos olhos de Deus?

Não, e os que vivem assim por egoísmo desagradam a Deus e enganam a todo o mundo.

O Livro dos Espíritos
Allan Kardec (pergunta 698)

EMERGÊNCIA

A SIMPLES PALAVRA, emergência, pronunciada em um hospital, desencadeia um processo frenético em todos os encarregados de velar pela saúde das pessoas. Enfermeiros correm como máquinas, sirenes são acionadas, os esforços redobrados, os sentidos aguçados, tudo em decorrência do açodamento desencadeado pela necessidade que violentou a cadência reinante.

O centro espírita não está imune ao ritmo que essa palavra imprime. Funcionando como um hospital e oficina de trabalho, é natural que os necessitados e os circunstantes que lhe buscam os préstimos em regime de urgência, alguns vinculados, outros subjugados por falanges trevosas, façam soar a sirene, com o objetivo de aglutinar esforços e mentes na salvaguarda da casa e de seus trabalhadores. Ora é o obsidiado que chega transtornado, para que a terapia do passe e da prece lhe domine a fúria, a exigir as reservas de boa vontade e amor dos devotados obreiros. De outras vezes são os desencarnados que, sitiando o centro, valendo-se do auxílio propiciado pela presença de mentes invigilantes que lá estacionam, provocam verdadeiros desacertos, somente apaziguados pelo gesto maior da ação benéfica, rotineiramente vilipendiada pelos críticos e juízes do mundo, caracterizados pela preguiça e pelo azedume que portam. Isso tudo ocorre porque o espiritismo enfrenta muitos inimigos gratuitos, os quais, não conhecendo nem querendo conhecer a sua excelência doutrinária, atacam-no levianamente, acrescentando mais uma carga de preocupações ao montante já existente, representadas estas pelos frequentadores acomodados que apenas pedem benefícios, sem se disporem a verter sequer uma gota de suor em favor da causa, providência esta que, uma vez adotada, muito poderia fazer em prol do seu crescimento espiritual.

A emergência constitui, portanto, ocorrência corriqueira na casa espírita, tanto entre encarnados quanto desencarnados, em virtude de a imensa maioria de tais personagens ser formada por criaturas ainda frágeis e necessitadas do amparo e da fortaleza de Jesus. Um ou outro palrador pode, às vezes, como em todas as religiões, ter a pretensão de julgar-se redimido, quando, na verdade, tal atitude é indício seguro de que ali atua a descabida linguagem da presunção e do orgulho. Mas essa linguagem só engana a quem quer ser enganado, pois é muito fácil traduzi-la acertadamente, pelo contraste que se estabelece ao compará-la com a clareza meridiana da ação evangélica.

Contrapondo-se à emergência, como profilaxia para evitar que ela ocorra, está o orar e vigiar aconselhado por Jesus. Vigiar principalmente o pensamento, precursor da ação e agente dos melindres e picuinhas que costumam surgir na casa espírita. É pelo pensamento que se estabelece a sintonia com a treva, a qual adentra nos campos de trabalho, como se aquele que cultiva objetivos antagônicos aos da casa espírita fosse um agente inimigo infiltrado nas fileiras do bem, a exigir a vigilância dos milicianos para neutralizar a sua invigilância.

Explico: Uma pessoa pode contemplar e até aprovar a caridade exercida na seara espírita, pode mostrar-se amiga e solidária frente a outros companheiros de caminhada, mas, se possui tendências que chegam a exigir-lhe atos concretos em direção aos vícios, tais como os relacionados com as drogas, com o exercício sexual desregrado, eis que surge a brecha, o ponto vulnerável pelo qual se infiltra o ataque trevoso. Não falo aqui dos comportamentos considerados normais. Quando me refiro ao sexo, por exemplo, absolutamente não estou pregando a abstinência. Falo de abusos, de desregramentos, da prioridade que se lhe dá, em detrimento das obrigações e responsabilidades do espírito.

Pois foi justamente um dos nossos companheiros, cujo ponto vulnerável era o seu comportamento sexual, que provocou um verdadeiro estado de emergência em plena reunião de desobsessão. A reunião estava em meio, quando o médium vidente auxiliar me fez leve sinal, informando-me confidencialmente da presença de um espírito que, com suas atitudes grotescas, estava provocando um verdadeiro pandemônio entre a clientela de sofredores desencarnados, uma vez que ele havia descido a vestimenta, exibindo o seu órgão sexual, que se apresentava desproporcional, deformado e escoriado, provocando ligeiro pânico com tal gesto, e muito mais pelas suas vibrações.

O seu estado mental, cristalizado no momento do orgasmo, como se ele todo fosse um êxtase ou frenesi, caracterizando-se como um louco, espalhou variados estigmas atingindo os circunstantes, provocando mal-estar em alguns, desmaios em enfermos e convalescentes, espanto e correria em outros. Uma mulher enferma, sentindo talvez o ressurgir de antigos vícios, embalada pelas vibrações sexuais do louco, assumiu a posição de coito. Tudo isso o vidente me descreveu em alguns segundos. Como doutrinador, solicitei ao grupo a união de mentes em prece silenciosa, atitude típica de uma emergência. Sabia que esse vampiro não poderia ficar mais que três segundos incorporado, para não prejudicar a saúde do médium. Os milicianos, que para segurá-lo guarneceram-se de armaduras para se protegerem de suas vibrações tenebrosas, lançaram-no junto ao médium. Nada falou. Apenas o frenesi e tremores, mantendo os braços erguidos por imposição do próprio médium, pois seu desejo era tocar-se nas partes íntimas, em ânsia masturbadora, como me confessou posteriormente. Demorou apenas o suficiente para que eu segurasse as suas mãos e lhe dissesse:

– O que queremos, meu irmão, é que você saia daqui em nome de Deus!

Ele se desprendeu, saindo do recinto escoltado por quatro milicianos com armaduras, deixando profundo mal-estar no médium e na população desencarnada. Após a sua saída, comunica-se um trabalhador da casa para explicar o ocorrido:

– Esse irmão foi trazido por um visitante nosso, que durante o sono sintonizou com ele em seus objetivos. Nós permitimos o seu ingresso na reunião para tornar clara a necessidade da vigilância sobre os nossos atos, para servir como base de estudos e debates a respeito do fato de o seu estado de loucura ter sido motivado pelo mau uso do sexo, e também para afastá-lo de sua recente companhia, evitando assim maiores transtornos. Ele provocou alguns danos, já contornados. Alguns enfermos ficaram em perturbação muito grande, e os que estavam mais fracos sentiram-se agoniados. Devemos fazer agora uma prece em voz alta, para que os doentes possam ouvir e sair do estado de perturbação em que ainda se encontram. Pedimos também que se mantenham em meditação por dois minutos apenas, tempo necessário para a neutralização dos fluidos por ele deixados, voltando a sala ao estado de higiene em que se encontrava. Repito que foi uma emergência, graças a Deus contornada com sucesso.

No final da reunião, comentamos, já a caminho de casa:

– Quem sabe se nesses casos de taras sexuais, quando estupradores abusam de suas vítimas, às vezes até crianças, e as torturam e matam, não são eles teleguiados por espíritos sofredores desse tipo?

– É! – concordou o "médium de transporte" (pois sempre me dá uma carona até em casa).

O sonambulismo pode ser considerado como uma variedade da faculdade mediúnica, ou melhor, trata-se de duas ordens de fenômenos que se encontram frequentemente reunidos. O sonâmbulo age por influência do seu próprio espírito. É a alma que, nos momentos de emancipação, vê, ouve e percebe além dos limites dos sentidos. O que ele diz procede dele mesmo. Em geral, suas ideias são mais justas do que no estado normal, seus conhecimentos são mais amplos porque sua alma está livre. Numa palavra, ele vive por antecipação a vida dos espíritos.

O Livro dos Médiuns
Allan Kardec (cap. XIV – tomo 172)

QUESTIONAMENTOS

É COMUM VERMOS espíritas ortodoxos cerrarem barreiras contra a inclusão, no estudo espírita, de pontos não abordados por Kardec. Essas pessoas pararam no tempo, esquecendo-se de que o espiritismo é uma doutrina evolutiva, e que o seu processo crítico se configura também na disposição de acompanhar o desenvolvimento das ciências, prioritariamente daquelas que lhe são afins. Não foi o próprio coordenador da doutrina quem mencionou a necessidade de ela caminhar *pari passu* com a ciência? Quando a humanidade se mostrava preparada para uma interpretação mais racional das leis divinas, não nos visitou Jesus, ministrando tal atualização, adaptando os ensinamentos à nova realidade da época? O espiritismo não veio como passo posterior, seguindo a mesma linha de pensamento e raciocínio? Perguntamos aos temerosos do avanço doutrinário em áreas não mencionadas por

Kardec: qual a razão? Fobia do novo? Descrença na sinceridade dos pesquisadores? Preguiça de estudar? Esperam revelações contundentes do plano espiritual ditando fórmulas e normas? Ou medo de descobrir erros ou limitações na doutrina?

Se tudo evolui, como o espiritismo pode ficar restrito ao que Kardec mencionou? Já não invadem os espíritos os canais de televisão, os telefones, os gravadores e os computadores? Não é ostensiva a participação do pensamento dos desencarnados nas artes, nas ciências e na filosofia? Estão aí as sinfonias, as pictogravuras, as psicografias, as materializações, os transportes, as cirurgias... será que todos esses fatos não são suficientes para mostrar a vontade e o impulso dos desencarnados nesse contexto evolucionista?

Não estou absolutamente considerando superada a obra de Kardec. Eu a louvo, e conclamo os estudiosos de boa vontade a prosseguirem na mesma linha de pesquisa austera e coerente com os princípios já estabelecidos. Mas o espírita deve preocupar-se em formar a sua opinião a respeito dos eventos novos que os próprios espíritos mostram no dia a dia.

"Isso é assunto da ciência." "Esse tema não pertence à minha religião"."Aquilo que o orador falou não passa de enxerto." "A codificação não fala sobre o tema, por isso não me interessou." Frases como essas bem demonstram a estreiteza da visão de quem as pronuncia, e a facilidade com que atestam a própria incompetência em focalizar o assunto dentro do contexto religioso a que se filia. A doutrina espírita, porém, deve procurar respostas, aprofundando-se no entendimento do Criador, da criatura e da criação, temática na qual se encontra o cerne das indagações humanas.

Prender-se ao que Kardec bateu e rebateu já seria muito se o fizessem com afinco. Todavia, espera-se mais do espírita autêntico. Espera-se o alongamento filosófico, a objetividade prática, o buscar científico. Tudo o mais que se disser como argumento em contrário, sempre será, a nosso ver, sintoma de acomodação. Acomodação que se disfarça com mil máscaras, travestindo-se de verdade, mas que não resiste ao toque vibrátil da coragem. Senão vejamos: Paulo de Tarso, após a desencarnação, encontrou-se cego no plano espiritual, caído embaixo de uma árvore amiga. O homem precisa servir a Deus, ainda que tateando em densas trevas. Foi o que ele pensou, levantando-se para a ação. É cego? Paralítico? Hanseniano? Canceroso? Mesmo que a resposta fosse um sim, seria melhor que a morte o encontrasse com um livro na mão do que em conversações estéreis acerca da cor da porta do céu, onde julgaria adentrar-se logo mais.

Conversando certa vez com um confrade, homem nascido na doutrina, tido como conhecedor das intrincadas questões mediúnicas, este me confidenciou:

- Conheço um médium que se desdobra em quase todas as reuniões, para buscar o espírito necessitado em longínquas áreas, trazendo-o para comunicar-se. Não acredito nessas coisas. Se vai com os espíritos, por que estes não vão sozinhos e trazem o necessitado?

Nada respondi, por falta de oportunidade, pois o início da palestra nos distanciou, interrompendo o diálogo. Fiquei pensando nos desdobramentos citados. No meu modo de ver, o desdobramento é uma faculdade mediúnica de grande valia nas reuniões de desobsessão, bem como instrumento de revelação no que tange aos dois planos onde trabalhamos. Eu já os tenho assistido e auxiliado às centenas. E nas mesmas condições a que ele aludira, sem motivos de descrença quanto à sua veracidade. Por que a dúvida, ou melhor, a reprovação do companheiro? Rebusquei a memória, dela retirando velhas lembranças, que ora transcrevo. São resgates, nos quais os nossos médiuns se dirigem a regiões de difícil acesso, acompanhados pelas nossas vibrações e orações. Eis os relatos que eles fizeram na ocasião:

1) - "O local onde me encontro é muito quente. Aparenta ser uma espécie de cratera vulcânica. Sinto um calor horrível que está me causando pesado mal-estar. O instrutor diz que esse recanto se

destina ao aprisionamento, pelos espíritos encarregados de limpar o ambiente espiritual, dos criminosos agressivos e violentos. São espíritos cruéis, que aqui ficam isolados, em virtude de suas tendências guerreiras. Apesar de funcionar como uma prisão, eles não sabem que são prisioneiros nesse ambiente. São mentes capazes de muita crueldade. Observo alguns. Possuem aspectos animalescos. Quase perderam a forma humana. Estamos aqui para resgatar uma jovem que assassinou toda a sua família, com requintes de crueldade. Há anos ela se encontra aqui. Por intercessão de sua mãe, e também por já estar em condições melhores, ela vai ser resgatada e levada a um educandário, onde deverá reabilitar-se através do trabalho. Existe uma espécie de guarda que mora aqui. Esse homem possui cachorros. Esses animais descobrem o espírito pelas vibrações."

2) – "Estamos andando em uma floresta muito fechada. Tão espessa que a luz não consegue penetrar. À proporção que vamos adiante, a paisagem vai se modificando. Atravessamos um rio, cuja água é amarelada, barrenta. As vibrações do ar parecem modificadas, pesadas, se posso dizer assim. Estamos agora amarrados uns aos outros, e eu me situo no meio da fila indiana. Atingimos uma região deserta. Não vejo uma árvore sequer, e tudo parece escuro como a noite. A paisagem é formada por pedras escorregadias, lodo, furnas... Sinto o corpo tão pesado que me desloco com grande dificuldade. O espírito que vamos resgatar não tem mais a forma humana. Ele já foi localizado atrás de umas pedras e, apesar da escuridão, nossos amigos dizem que é ele mesmo. Engraçado é que consigo ver no escuro. Sinto que o rosto desse espírito é humano e diviso muito bem placas dérmicas em lugar de sua pele. Seus braços são curtos, terminando em garras." (Nesse ponto, o médium sente muita dificuldade em falar e respirar. Quase não escutamos a sua conversa com os espíritos.) "Por que tenho que ir na frente? Ele está fugindo! Como vou chamá-lo? Chamar pelo nome? Mas qual é o seu nome? Neide? Então é uma mulher? Neide! Ela escutou! Ela vai me atacar...!"

Aí ocorreu a incorporação. O médium passou a rosnar tendo-se-lhe encurvado as mãos em forma de garras. Procurei, chamando pelo nome, lembrar-lhe a condição humana. Falei de seus pais, da sua infância, de como sua mãe a ensinou a orar. Ela conseguiu articular a palavra "mãe", ficando a repeti-la sucessivamente. Apesar dos passes, das preces e do demorado monólogo, onde lhe tomei as mãos, solicitando que as abrisse, não conseguimos maiores resultados. Ela adormeceu, ainda na forma com a qual chegou, ou seja, como, no dizer do médium, a mulher-crocodilo.

3) – "Estamos penetrando uma mata cerrada. À nossa frente um espírito de aspecto um pouco rústico. Ele está nos vestindo com uma espécie de gibão de couro à semelhança daqueles usados pelos vaqueiros. Agora seguimos em frente, com ele abrindo caminho entre os galhos com um facão que trazia à cinta. Somos três. Ouço muitos gritos e lamentos, mas o instrutor diz que não devemos nos deter para ouvi-los, nem nos deixarmos impressionar. Cada grito estremece dentro de mim. Atingimos uma lama escura e pegajosa. Sou alertada para me manter em prece silenciosa, porque esse pântano abriga muitos espíritos desajustados. Atravessamos a lama e atingimos uma caverna. A passagem é tão estreita que temos que nos curvar bastante para penetrarmos em seu interior. O guia acendeu uma tocha. Vamos em resgate a um homicida, que se encontra perdido nessas furnas, como se fugisse de si próprio. Quase não existe ar para respirarmos aqui. Esse homicida, num acesso de loucura, matou os quatro filhos. Consigo ver alguns habitantes dessas furnas. Eles nos causam medo pelo aspecto sombrio que ostentam. O guia já o encontrou, mas ele tenta fugir. Seu estado é deplorável. O guia tenta segurá-lo e trazê-lo até nós. Coitado! O instrutor nos diz que era filho dele. Agora temos que sair rápido. Essa caverna parece sugar nossas energias. O irmão que nos dirige diz que esses espíritos podem nos buscar como âncora de salvação, motivo pelo qual precisamos sair breve."

Esse espírito tinha, ao comunicar-se, o pensamento fixo no crime que praticara e pedia perdão a Deus constantemente.

Observando esses três fatos, creio que podemos obter algumas respostas, objetivando esclarecer a razão desses desdobramentos a locais tão assustadores.

1) – Servem como treinamento para o médium, que também participa de resgates semelhantes durante o sono físico.

2) - Constitui material de estudo para os aprendizes do espiritismo.

3) - O perispírito do médium, impregnado de fluidos vitais, favorece um socorro de emergência ao necessitado.

4) – Muitas vezes o perispírito do médium, sendo mais denso, é avistado pelo necessitado, cuja restrita visão não capta a presença dos instrutores espirituais.

5) – Os preparativos para o contato do resgate com o médium, visando ministrar-lhe o choque anímico, são efetuados no próprio local do resgate

Existem ainda, nesses casos, outros aspectos que merecem algumas considerações:

a) **O espírito cortando a facão a mata virgem:** Isso demonstra a similitude existente entre o plano físico e o plano astral.

b) As mentes enfermiças criam **cenários grotescos,** cuja geografia lhes dificulta o próprio resgate.

c) **O perispírito pode atravessar a matéria do plano físico,** mas o mesmo não ocorre com a "matéria" do plano espiritual, obrigando-se a escalar montanhas, atravessar rios, cortar a mata etc.

d) Poderíamos chegar a outros questionamentos teóricos, a partir dos desdobramentos ocorridos nas reuniões de desobsessão. Mas o que realmente queremos é apenas cutucar a onça, torcendo para que ela não seja demasiadamente sonolenta.

Qual das duas, a poligamia ou a monogamia, está mais conforme com a lei natural?

A poligamia é uma lei humana, cuja abolição marca um progresso social. O casamento, segundo os objetivos de Deus, deve ser fundado sobre a afeição dos seres que se unem. Com a poligamia não há afeição real, mas sensualidade.

O Livro dos Espíritos
Allan Kardec (pergunta 701)

A RAPOSA

NO LONGO CAPÍTULO das deformações perispirituais, tenho observado aberrações as mais grotescas. Gorilas, ursos, morcegos ..., a "fauna" é numerosa e a crueldade dos hipnotizadores mais extensa ainda. Falando nesses termos, pode parecer que Deus não se importa com o destino das criaturas, de vez que "permite" que entidades inferiores manipulem as rédeas do destino e adicionem dores e lágrimas na pedregosa trilha dos ignorantes. Estes, cegos dominando cegos, criam verdadeiras cidades no espaço, utilizam tecnologia avançada, constroem códigos de tortura em nome da justiça, como se fossem deuses que a tudo podem decidir.

Todavia, Deus não necessita de malfeitores para que a Sua lei se imponha. Torturados em si mesmos, tudo fazem para esquecer seus dramas íntimos, tentando a fuga pela auto-hipnose, até que as grades da lei os tolhem, ocasião em que se sentem vulneráveis e frágeis como realmente são.

Uma dessas legiões detinha em seu poder uma mulher que precisava ser resgatada, e fomos convocados para a tarefa.

Tibiriçá de um lado, médium desdobrado de outro, não demorou para que a mulher aparecesse, hipnotizada e transformada em grande raposa. Não conseguiu dizer uma única palavra; fazia gesto tentando nos arranhar e farejava o ar como para sentir a presença de inimigos.

Comecei o delicado trabalho de resgatar a sua identidade, despertando-a do processo hipnótico que sofrera e que a deixara convencida de que era uma verdadeira raposa.

Concentrei todas as minhas energias no "choque anímico" que lhe ministrei e disse-lhe segurando seu rosto: "Mulher! Vou contar até três. Quando eu bater em sua testa, você precisa acordar." E assim o fiz. Ela deu um grito de pavor, quis conversar, mas voltou à condição anterior. As impressões, bem trabalhadas em sua mente, pareciam estar profundamente alojadas, exigindo um esforço de guerra para o descondicionamento.

Voltei à carga. "Mulher! olhe para mim! Esqueça tudo que você já ouviu na vida. Nesse instante só existe no mundo a minha voz." Molhei a mão em uma jarra contendo água, que estava ao lado, e lancei algumas gotas sobre o seu rosto. Então ela despertou desesperada, exigindo força redobrada para mantê-la sentada e escutar a minha voz, que aos poucos a fez adormecer.

Passada uma semana, a mulher voltou e contou a sua história, segundo ela, para que eu a escrevesse como advertência a outras desavisadas.

Fora enquanto encarnada uma mulher bonita, que desfizera vários lares. Costumava conquistar homens casados, prometendo-lhes amor eterno, e destroçava-lhes os lares deixando-os na miséria, arrependidos, apressando-lhes o estágio no corpo pelas garras do remorso e até do suicídio.

As mulheres de sua região apelidaram-na de "raposa", e tudo faziam para manter seus maridos afastados daquela insaciável figura.

Ela gostou do apelido: era uma "raposa", mesmo. Sagaz, fascinadora, irresistível. Foi aos poucos interiorizando aquela figura, sentindo-se a própria, selecionando o próximo galo para atacar.

Mas veio a velhice. As vibrações de ódio das esposas abandonadas fizeram um efeito devastador. A desencarnação fora dolorosa e solitária. No além-túmulo, esperavam-na algumas entidades rancorosas que a encaminharam aos "vingadores", onde demorou-se em largos suplícios, culminando na deformação perispiritual que apresentava.

O remorso era a sua marca identificativa. Chorou bastante relatando seu drama e depois partiu para as estações de tratamento, onde deveria educar-se visando reencarnar junto àqueles a quem prejudicara, ocasião em que deveria amá-los com renúncia e sacrifício na condição de mãe.

- Não se esqueça de escrever a minha história. Quem sabe se um dia, atravessando o vale da sombra e da morte, eu não tenha chance de ler sobre a minha desgraça?

- Mas se o Senhor for o seu pastor nada lhe faltará. E partiu para a colheita dos seus frutos.

para que o trabalho de Cristo não viesse a sofrer interru

compreendemos a razão da ausência de alguns no costumeiro trabalho

mantiveram-se firmes no propósito de acertar, frente

dialogar com o dirigente espiritual, que elucidou

a tela que a televisão está mostrando

eles vão dormir com tais cenas registradas na mente

ficam a discutir os sonhos em busca dos locais

Ocorre, ainda, que lembranças podem aflorar

na evocação de vidas passadas.

sabemos como proceder

o trabalho de Jesus. Chamo ainda a atenção dos irmãos para

e o excesso de alimentação carnívora, fator que dificulta o desdobramento

pode estar dificultando a saída do trabalhador, ou o seu encontro

Coragem irmãos! Lembramo-nos do sábio conselho de Paulo quando

Estreitamos mais a conversação com alguns médiuns

a interessar-se pela história dos judeus nos tumultuados dias

Outro nos disse que durante

Um terceiro me confidenciou estar abusando da carne

que devemos evitar o excesso desse alimento, pelos fluidos pesados

tanto mal assim!

mais pela que carne, que tem fluidos muito mais fracos

conscientes de que o errado não deveria repetir-se. Ao final,

Quando queremos ditar mensagens espontâneas agimos sobre o cérebro, nos arquivos do médium, e juntamos o nosso material com os elementos que ele nos fornece. E tudo isso sem que ele perceba. É como se tirássemos da bolsa do médium o seu dinheiro e dispuséssemos as moedas para somá-las. Na ordem que nos parece melhor.

O Livro dos Médiuns
Allan Kardec (cap. XIX - tomo 225)

ANIMISMO

UM DOS INTRINCADOS problemas que o doutrinador enfrenta nas reuniões de educação mediúnica, considerando-se que nas reuniões de desobsessão espera-se que o médium já esteja adestrado em sua mediunidade e, portanto, imune ao fenômeno, é o animismo. No entanto, existem, operando em trabalhos desobsessivos, médiuns cujas comunicações trazem o cunho ostensivo de serem anímicas. Apressamo-nos aqui em conceituar o animismo, neste caso, como sendo uma transferência de fatos passados para o presente, vividos ou presenciados pelo médium, não obrigatoriamente em vidas passadas. Esses eventos que o impressionaram podem variar desde um trauma marcante, de emoções e sentimentos cristalizados, de impressões de impacto no cotidiano, desejos reprimidos, chegando até a fantasias criadas por sua mente, quando, então, procuraria imitar ou mesmo representar personagens a quem admira. Podemos considerar o animismo como fenômeno causado por cristalização e por interferência.

Animismo por cristalização ocorre quando apenas a personalidade do médium se manifesta, expressando os seus próprios conhecimentos e conceitos pessoais, exteriorizando a sua problemática íntima, ou seja, evidenciando fatos cristalizados em sua mente. Esse tipo de animismo é de fácil identificação, pela constância com que se repete, qual se fora um disco defeituoso, obrigando a agulha a limitar-se a estreita faixa, repetindo os mesmos sons e vocábulos.

Animismo por interferência: Neste caso, surgem interferências, tidas como infiltrações ou mergulhos do próprio médium no pensamento do comunicante, adicionando à mensagem destes acontecimentos e impressões que não lhe pertencem, mas sim ao médium ainda não educado em sua mediunidade. Não consideramos médium anímico aquele que modifica o nível gramatical da mensagem, elevando-o ou rebaixando-o, conforme o seu padrão cultural, desde que não promova enxertos, ou seja, não adicione suas próprias ideias ou conceitos, fazendo-os sobreporem-se aos do comunicante. O médium deve interpretar e transmitir com fidelidade o pensamento do espírito, o que pode ser feito no seu próprio nível cultural, seja ele acadêmico ou primário. O acervo cultural do médium é fator importante na comunicação, sendo este o motivo da preferência de certos espíritos por alguns médiuns para relatar assuntos doutrinários específicos, cuja complexidade encontraria sérios entraves em um intermediário despreparado.

Após esses esclarecimentos, podemos estudar as interferências anímicas nas mensagens mediúnicas, atribuindo-lhes as seguintes possíveis causas:

a) Traumática: quando o médium sofreu, em encarnação passada, traumas ou acidentes que muito marcaram a sua vida, não conseguindo superá-los. A dor física ou moral foi intensa e a cicatriz persiste ainda na presente encarnação, lembrando-o de que a plástica do refazimento se faz urgente, através do bisturi do trabalho e da renovação. Esse médium procede à sua catarse por determinado tempo, em trabalho de limpeza do inconsciente, confundindo a sua dor com a do comunicante e vice-versa, até que, pelo estudo da sua própria atuação, usando o senso crítico, consegue discernir e separar a sua carga emocional e sintomática da condição intrínseca do comunicante.

b) Imaginativa: É um tipo de interferência relacionada ao médium, cuja indisciplina emocional o torna excessivamente empolgado com personalidades ilustres, vultos históricos, líderes religiosos etc. Tomando conhecimento da vida e obra de determinada personagem e identificando-se com ela por espírito de aventura, ou por almejar virtudes que gostaria de possuir, ou por particularidades ou aspectos específicos de sua personalidade, a ela se liga através dos invisíveis fios do pensamento, apresentando-se travestido inconscientemente na personalidade que tomou como padrão, para satisfação emocional do seu ego. Nesse tipo de interferência o médium elege as personagens com as quais se afina emocionalmente, alojando os seus feitos no inconsciente, de onde emergem por automatismo psicológico, fazendo com que o conteúdo da comunicação se assemelhe, em algum ponto, com a vivência dos seus heróis. Nesse caso, a emoção, como fator de contextura, faz a ligação das ideias interiorizadas no seu inconsciente, descaracterizando as do comunicante, visto haver como que a ruptura do dique que represava os dramas, as paixões, as aventuras, as virtudes, ou mesmo os fragmentos de ciência ou filosofia que gostaria de ter vivido ou criado. É então a alma infantil que sonha, sonhos nos quais a figura do protagonista se transfere para o comunicante, despersonalizando-o. De tal fato resulta uma mensagem em que três personalidades se sobrepõem: a do modelo tomado pelo médium, a do próprio médium e a do espírito comunicante.

c) Impressionante: Esse tipo de interferência deve-se ao médium impressionável que, semelhante ao modelo anterior, é um deseducado em suas emoções. Como poderemos auxiliar ao companheiro angustiado, se nos angustiarmos com o seu drama, comprometendo a ajuda que poderíamos prestar-lhe? É necessária uma neutralidade dinâmica, na qual o amor não esteja ausente, mas que favoreça uma ação refletida, positiva e sincera. Aqui, a interferência não se deve a fatores traumáticos ocorridos em encarnações passadas. São os acidentes a que presencia, os filmes violentos ou pungitivos que assiste, as notícias trágicas que escuta, o melodrama do cotidiano. Por ocasião da comunicação ocorre uma associação de fatos, uma interligação com o inconsciente, exteriorizando-se aquilo que impressionou ao médium, que, segundo a sua ótica, pensa estar traduzindo mensagens reais dos envolvidos nos eventos. Lembro-me de conversas com amigos doutrinadores já desencarnados, dando conta de que, por ocasião da desencarnação de Getúlio Vargas, inúmeros médiuns supostamente o receberam através de comunicações psicofônicas e psicográficas. O mesmo ocorreu no falecimento de JK.

Quando ocorrem terremotos, grandes incêndios e outras tragédias, os personagens, vítimas desses acontecimentos, geralmente se comunicam logo a seguir nas reuniões espíritas, nem todas, evidentemente, merecedoras de crédito. Na verdade, apenas a educação mediúnica, efetuada com estudo metódico e constante, pode fazer desaparecer o animismo. Um dos instrumentos para isso é a análise criteriosa e desapaixonada das comunicações, tanto da parte do médium como também, e sobretudo, dos dirigentes dos trabalhos, definindo até que ponto a sua participação interfere na comunicação dos espíritos. Cabe ao doutrinador auxiliá-lo e acompanhá-lo até a fase de superação, quando o próprio médium reconhecerá, se for o caso, haver sido protagonista de ocorrências anímicas.

Os casos de animismo são tratados como uma doutrinação comum, como se a entidade que fala fosse realmente um espírito necessitado, o que geralmente é. Essa doutrinação é dirigida como resposta às necessidades que o comunicante expõe, principalmente porque é bastante difícil diferenciar, na azáfama das doutrinações, os casos de animismo e os de mediunidade propriamente dita. Não se deve revelar ao anímico que as suas comunicações partem de sua própria mente - pois isso poderia lançá-lo num processo de dúvidas e questionamentos - tendo em vista que devemos esperar que o esforço e o conhecimento venham a lhe moldurar o equilíbrio.

A princípio, a grande maioria dos médiuns encontra dificuldades em discernir o que é seu daquilo que pertence ao comunicante. Insistimos que a prática, o estudo e a boa vontade logo substituem as dúvidas pelas certezas e alegrias do trabalho mediúnico. Aquele médium que, mesmo educado, julga-se anímico às vezes, por parecer conhecer o drama do comunicante antes da sua manifestação, fato cuja coincidência o faz duvidar de sua veracidade, pode aquietar-se, pois sabemos que, em variadas ocasiões, o medianeiro toma conhecimento, durante o sono, dos trabalhos que serão desenvolvidos na reunião, sabendo de antemão a quem vai ligar-se e os possíveis sintomas que vai sofrer durante o dia. Todavia, uma análise do quadro nunca é demais.

Trabalhei com determinado médium, cujo animismo perdurou por alguns anos em cristalização de difícil combate e neutralização. Segundo soubemos, o companheiro havia sido suicida por duas vezes seguidas, uma delas por enforcamento e outra pelo fogo. Por isso ele se demorou em catarse exaustiva e dolorosa por dezenas de reuniões, pois a cada comunicação, nas quais ele próprio se manifestava, voltava a sentir ora falta de ar, ora o corpo em chamas, revivendo as cenas gravadas em sua memória. Sentia-se em furnas escuras, gritava por socorro, com o seu corpo contorcendo-se em esgares e contrações dolorosas. Mas eram apenas recordações dos locais por onde vagou em estágio obrigatório após o suicídio.

Os médiuns videntes observavam em silêncio, descrevendo-me, em tom confidencial após a reunião, o tratamento paralelo que os técnicos espirituais procediam em seu perispírito, manipulando sofisticada aparelhagem, aliada à cromoterapia. Acreditamos que esse companheiro tenha chegado ao espiritismo por misericórdia divina, para que, fortalecendo-se, não atentasse contra a vida uma terceira vez. Mas até que ele viesse a sair do animismo por cristalização, passando para o animismo por interferência, no qual ainda permanece, a Terra teve que girar sobre si mesma milhares de vezes. E se me perguntarem se ele conseguirá sair desse estágio, para se tornar intermediário fiel, eu não saberei responder, pois inúmeras são as variáveis que se interpõem como obstáculo ao seu sucesso. A agravante de haver repetido o suicídio, o seu grau de cultura, as limitações de tempo, econômicas, sociais... são algumas delas. Mas como ele tem, como todos nós, o amor de Deus a seu favor, o amor que o arrancou do vale da sombra e da dor, e o trouxe ao campo de lutas como adepto da consoladora doutrina da esperança, ele certamente possui, no íntimo, as ferramentas de trabalho, cabendo-lhe arar a fecunda terra da libertação.

Os espíritos se afeiçoam de preferência por certas pessoas?

Os bons espíritos simpatizam com os homens de bem, ou suscetíveis de se melhorarem; os espíritos inferiores com os homens viciosos ou que possam vir a sê-lo. Daí sua afeição, por causa da semelhança das sensações.

O Livro dos Espíritos
Allan Kardec (pergunta 484)

AFEIÇÕES

AFIRMAM OS ESPÍRITOS que jamais estamos a sós. Que elegemos nossas companhias com nossos pensamentos. Que estes formam um clima psíquico para cada pessoa, o qual deixa transparecer sem enganos, traços do seu caráter e do seu estágio evolutivo.

As companhias de um homem revelam em parte o seu mundo íntimo, de vez que se alimentam dele, ao mesmo tempo que o alimentam, em simbiose nem sempre harmônica.

Ser social, o humano precisa de companhias para partilhar experiências. Isso não o impede de buscar um lugar solitário para tecer monólogos consigo mesmo. Essa necessidade parece crescer com a dinâmica da vida moderna, onde a luta pela sobrevivência obriga as pessoas a estressante ritmo de combate.

Poder-se-ia perguntar a qualquer habitante do mundo, neste século, por que se corre tanto sem a certeza absoluta de estar no caminho ideal. O rumo certo seria a busca da felicidade, da paz de consciência, de um encontro íntimo com Deus.

Muitas vezes cavalga-se no sentido oposto, e só se percebe o engano quando a distância é grande demais. Quando o homem decide parar um pouco e rever seus passos, aferir sua bússola, projetar sua ação com poesia e primavera, ele se rende à sabedoria evangélica.

Mesmo em suas meditações o homem não está só! Mais que antes, suas companhias espirituais o inspiram em suas decisões e em seu êxtase. Retiram-no do corpo denso, mostram-lhe grandezas e mistérios, enchem-no de forças, incutindo-lhe a esperança dos vencedores.

A meditação para o espírito é um passeio à sala de estar da eternidade. Não há quem medite no bem e seja pobre de bênçãos celestiais. O pensamento fixo no ouro fecha a porta àquele espaço, permanecendo a lareira do afeto apagada por falta do combustível do amor. Quem caminha cheio de ouro tem os passos lentos pelo peso que traz. Quem caminha com o necessário é ágil e escala mais rápido a montanha da vida. Por que o homem quer todo o vale se alguns metros lhe bastam para a morada?

Quem está por dentro da cerca é prisioneiro. O viajante lá fora tem todo o espaço para caminhar. Estava pensando nestas coisas quando senti Francisco, velho amigo espiritual, contar-me à sua maneira poética a seguinte experiência por ele vivida:

"Um dia, enquanto eu atravessava o deserto, senti-me acompanhado por alguém conhecido, cujo rosto não sabia identificar. O sentimento de solidão de quem está no deserto não existia em mim, porque essa companhia invisível estava tão próxima que eu esperava uma palavra, uma cumplicidade, um afago mais ostensivo a qualquer instante.

"Como sempre, atravessava o deserto louvando a Deus por tantas pedras, tanta amplidão, tanto vento transportando dunas. Havia aprendido com uma tuaregue que em tudo devemos dar graças a Deus. A sensação de vida, de transcendência, de ser alado, estava forte dentro de mim. Meu espírito parecia pertencer a um outro mundo distante, o mundo daquela companhia invisível e concreta. Sentei sob o sol e coloquei toda a força da minha alma em agradecimento pelo deserto. E aquela companhia pareceu abraçar-me com todos os odores da mais brilhante primavera.

"Então eu entrei em meu corpo novamente e caminhei firme na direção em que o sol desaparece. E diante da minha admiração por ele, colocou a mão sobre minha cabeça assanhando meus cabelos, como se faz com um menino travesso, e concluiu: meditar é estar na companhia dos anjos."

...ão que alguns dos nossos ...

...ância e boa ânimo, para que o trabalho do Cristo não passe a sofrer interrup...

...nos compreendemos a razão da ausência de alguns no costumeiro trabalho durante...

...tes responder, e que mantivessem-se firmes no propósito de acertar, frente aos...

...ndo então dialogar com o dirigente espiritual, que elucidou:

...e comparando a nossa que a televisão está mostrando (publicamente) e como o ...

...os, elas vão deixar com tais cenas registradas na mente, dificultan...

...para o bom no trabalhar – mente

...preocupam-se com os episódios e dificultam o desdobramento na hora aprazada...

...dos acontecimentos, ficam a divertir ou saem em busca dos locais dos ocorridos...

...ou alguns personagens. Ocorre, ainda, que lembranças podem aflorar do incons...

...que funciona como indutor na evocação de vidas passadas. Falo em tese. Con...

...ndo certo desalinho emocional nos médiuns que ainda não conseguem desligar...

...Vocês já sabem como proceder: deitar, orar, mentalizar todo o grupo ...

...para o trabalho de Jesus. Chamo ainda a atenção dos irmãos para as leituras ...

...e o excesso de alimentação carnívora, fator que dificulta o desdobramento...

...pode estar dificultando a saída do trabalhador, ou o seu encontro com a ...

...Coragem irmãos! Lembremo-nos do sábio conselho de Paulo quando afirma...

...de nos convém. Estreitamos mais a conversação com alguns médiuns nos dias ...

...passou a interessar-se pela história dos judeus nos tumultuados dias do Messias...

...dos espíritos, ainda que momentaneamente. Outro nos disse que durante o ...

...Um terceiro me confidenciou estar abusando da carne por ter recebido...

...em que devemos evitar o excesso desse alimento, pelos fluidos pesados do que...

...não faz tanto mal assim!

...a de segunda, mas pela que carne, que tem fluidos muito mais fracos que ...

...mais conscientes de que o errado não deveria repetir-se. Ao final, disse-lhe...

Parece resultar dessas explicações que o espírito do médium não é jamais completamente passivo?

Ele é passivo quando não mistura as suas próprias ideias com as do espírito comunicante, mas nunca se anula por completo. Seu concurso é indispensável como intermediário, mesmo quando se trata dos chamados médiuns mecânicos.

O Livro dos Médiuns
Allan Kardec (cap. XIX - tomo 10)

MÉDIUNS INCONSCIENTES

UM DOS PROBLEMAS mais discutidos no campo mediúnico é o que se relaciona com a inconsciência do médium durante o transe mediúnico. Acreditam alguns que aquele que se caracterizou como médium inconsciente não toma conhecimento da mensagem do espírito comunicante, nem está apto a fiscalizar-lhe as atitudes durante a comunicação. Se tal pensamento se revestisse de fundamentos verídicos, qual a força que controlaria a rebeldia, a malícia, o ato agressivo e lesivo do odiento vingador, quando tivesse a pulso o corpo do médium? Seria pois o médium, nas reuniões de desobsessão, um porta-voz da truculência e da mistificação, praticando mais um desserviço que um trabalho confiável e produtivo. A rigor, não existe médium inconsciente, pelo simples fato de ele revestir-se de autoridade e função fiscalizadora, podendo cercear a comunicação, ou parcelas desta, qual se fora um censor, com poderes de limitar ou coibir a manifestação do pensamento daquele que se utiliza do seu corpo.

Esse poder de censura lhe é outorgado pela educação e disciplina mediúnicas a que ele se submeteu, qual hábil guiador que, conhecendo o mecanismo do seu automóvel, porque antes se habilitou, imprime-lhe a velocidade desejada, observa os cuidados nas curvas, a urgência dos freios, a manutenção da máquina, bem como a obediência às regras do trânsito, no seu caso, doutrinárias.

A mensagem do comunicante, como manifestação do pensamento, antes de fazer vibrar as cordas vocais do intermediário, passa pela mente, pelo cérebro perispirítico deste, ocasião em que o médium pode impor ou não o seu poder de censura. Apesar de o perispírito encontrar-se como que exteriorizado ao corpo, ele pode acompanhar em minúcias os desdobramentos da tarefa. Contudo, ao voltar ao corpo, ele não se lembra do ocorrido, ou percebe apenas fragmentos de sua ação participativa. Tudo se passa exatamente como nos desdobramentos que ocorrem por ocasião do sono físico, nos quais o cérebro perispiritual registra os eventos de que participa, mantendo-se o cérebro físico alheio aos mesmos acontecimentos. Por ocasião da volta do perispírito ao corpo físico, as cenas gravadas no cérebro perispiritual não podem ser repassadas ao seu cérebro físico com a coerência e a fidelidade necessárias, justamente devido ao fato de as diferenças na frequência de ambos gerar bloqueios totais ou parciais. Como o cérebro perispirítico participa dos trabalhos durante o sono e o cérebro físico não, o sonho só é lembrado pela projeção de imagens de um cérebro para outro, tarefa empreendida muitas vezes pelos espíritos interessados em que lembremos desses trabalhos, ou por prolongados exercícios fora do corpo, que parecem contribuir para a emersão dos acontecimentos gravados, indo do cérebro perispirítico para o cérebro carnal.

Podemos dizer, baseados em observações práticas, que o médium é "inconsciente" após a comunicação, pois durante o seu desenvolvimento ele a tudo assiste de sua posição crítica. Se pudéssemos fazer uma regressão de memória nos médiuns que se dizem inconscientes após uma comunicação de que nada lembrem, quase que certamente eles a repetiriam com o colorido e a sonoridade dignas de um protagonista entusiasta. Lembremos aqui que existe uma diferença entre o desdobramento que ocorre no sono físico, quando o cérebro carnal, bem como todo o organismo, sofre uma certa desaceleração funcional, ampliando ainda mais a diferenciação vibrátil existente entre os dois cérebros, e o desdobramento mediúnico levado a efeito nas reuniões espíritas, no qual o cérebro carnal, estando em atividade, participa do evento supervisionado pelo cérebro perispirítico, o que lhe faculta a similitude de frequência, à semelhança do estado de vigília em que ambos os cérebros tomam ciência, em participação conjunta, daquilo em que se empenham.

Na mediunidade chamada inconsciente, a interferência de um terceiro cérebro, à maneira da borracha isolando a eletricidade, impede que o fluxo de pensamentos do cérebro perispirítico do médium atinja o seu cérebro carnal, pois o referido fluxo é direcionado para o cérebro do comunicante, daí se exteriorizando, em forma de mensagem, pelas cordas vocais do intermediário. No desdobramento, o fluxo de pensamentos entre os dois cérebros, perispiritual e físico, não sofre barreiras, mesmo estando interligados a grande distância. É, pois, o cérebro do comunicante como que um anteparo, a impedir que as impressões dos fatos transcorridos no instante da comunicação sejam gravadas no cérebro carnal do médium, dando a este a falsa interpretação de que nada assistiu ou administrou.

Uma de nossas médiuns tinha receio de dar passividade a espíritos agressivos, em virtude de nada lembrar após suas comunicações, temendo que nesse ínterim viesse a esmurrar a mesa, espernear, ou mesmo agredir-me, considerando-se as muitas ameaças que me são dirigidas no exercício doutrinário. Talvez entendendo-lhe a dificuldade, os dirigentes a faziam porta-voz de enfermos e de suicidas, ou de mensagens orientadoras de cunho moral-filosófico.

Mas certa feita, em uma reunião em que a ausência de médiuns nos obrigou a solicitar maior taxa de trabalho de cada participante para mantermos a marcha normal de atendimentos, eu lhe disse:

- Prepare-se, pois hoje você certamente atenderá a irmãos vinculados a processos obsessivos.

- Mas sou inconsciente! - respondeu-me em tom de obstância.

- Se era, deixa de ser agora - foi a minha resposta. - Nesse instante a necessidade é que dita as normas.

- Mas, e se eu lhe der um tapa?

- Eu lhe dou outro, pois terá sido desejo seu, movido pelas cobranças que sempre lhe faço - foi a minha resposta, logicamente em tom de brincadeira, para amenizar seus receios.

Pois bem! Ela recebeu o mais agressivo, justamente um irmão que me disse alimentar um sonho antigo, ou seja, o de quebrar meu pescoço, como se faz a uma galinha magra. Ofereci-lhe a cortesia da casa, o passe e a oração, o que o levou a resmungar baixinho:

- Pensei que essa idiota não fosse aguentar!

Quando terminou a reunião a médium me disse:

- Não me lembro de nada. Dei conta do recado?

- Sim! - respondi. - Acho que foi o medo do tapa que a transformou em médium consciente.

E rimos vitoriosos.

A prece é um meio eficaz para curar a obsessão?

A prece é um poderoso socorro em tudo; mas, crede bem, não basta murmurar algumas palavras para obter o que se deseja. Deus assiste aqueles que agem e não aqueles que se limitam a pedir. É necessário, pois, que o obsidiado faça, a seu turno, aquilo que é necessário para destruir em si mesmo, a causa que atrai os maus espíritos.

O Livro dos Espíritos
Allan Kardec (pergunta 479)

SUBJUGAÇÃO

DIARIAMENTE, A FIGURA do obsidiado chega às searas espíritas. Notam-se-lhe no semblante as manifestações de depressão, alienação, ausência, agressividade e outros sintomas reveladores da atuação pertinaz do companheiro invisível, que, empenhado em dobrar as resistências do seu antagonista, infiltra-se em sua intimidade, causando-lhe sérios desarranjos à economia físico perispiritual. Iniciando-se por leve sugestão, para em seguida aprofundar-se em domínio cada vez mais amplo, a obsessão instala-se vencedora quando aquele que lhe sofre o açoite não promove as devidas reações à sua invasão, largando as rédeas do seu pensar nas mãos astutas do seu algoz. Dominando a área do pensamento, fácil se torna ao invasor direcioná-las para as ações nefastas que almeja, pois estão minadas, e sob seu controle as bases que facultariam ao prisioneiro o exercício da autocrítica, o aguçamento do senso do ridículo e a resistência que, de outra forma, poderia ser heroica e vitoriosa. Atingindo tal estágio, o obsessor pode agir sem resistência, torturando o subjugado conforme o método que lhe apraz. Pode levá-lo ao ridículo, fazendo-o ajoelhar-se em plena via pública em discursos e mesuras espalhafatosas, tornando-se alvo de escárnio e zombaria. Pode fazê-lo ficar sem alimentar-se, sem dormir, sem higienizar-se, repetir centenas de vezes uma mesma frase, lançar-se de um edifício ou tomar veneno. O obsessor é o comandante, o obsidiado é o comandado. A quebra desse vínculo é uma das razões da existência da casa espírita. Não a mais importante, mas a que a torna digna do nome que muitos adotam, ao evocá-la em suas referências como casa de caridade.

Em uma das reuniões de desobsessão, específica para um único companheiro em condição de subjugado, conversei longamente com o seu obsessor, procurando penetrar no cerne do problema que teria motivado tão tenaz perseguição. A obsessão começara há tempos, aprofundando-se sutilmente. Aconselhado a orar e a assistir palestras doutrinárias, a tomar passes e a fazer o evangelho no lar, procurando, sobretudo, vivenciá-lo no cotidiano, o paciente não era assíduo, faltando ao trabalho por largos períodos. Quando retornava, era posto a dormir em plena palestra pública por força da ação obsessiva do sagaz perseguidor, anulando os conselhos que poderiam forçá-lo a esboçar reações libertadoras. Mas, mesmo assim, ele melhorava e desaparecia do centro, sem notar que a melhora era promovida pelo afastamento temporário do seu inimigo, que astutamente assim procedia, notando-lhe o desejo do imediatismo na cura da dor, e também a sua acomodação frente ao esforço perseverante. De outras vezes, quando retornava, o obsessor espicaçava-o, levando-o ao clímax do mal-estar e do desespero, para fazê-lo crer que as visitas ao centro nada acrescentavam à sua saúde, ou que até estavam a prejudicá-la, pelo esforço da caminhada.

Um dia o processo se agravou, o que provocou a realização de reunião específica com a finalidade de obtermos uma trégua em tão antiga batalha. No início da reunião, um médium em desdobramento deslocou-se até a residência do enfermo, passando a descrever a sua condição. Estava ligado ao seu obsessor por um fio escuro. Esse fio saía de suas costas e ligava-se ao ventre do seu antagonista, que se apresentava como uma sombra negra. Quando qualquer um deles encetava um gesto, este era repetido pelo outro. Disse-nos então o instrutor espiritual que nos assistia:

- Os dois virão à reunião, visto não ser possível separá-los agora.

A seguir, ministraram um passe ao encarnado, que adormeceu, o mesmo acontecendo com o seu perseguidor. Como anunciado, ambos compareceram à reunião. O encarnado permaneceu dormindo, enquanto o desencarnado, através da psicofonia, era impelido a falar, após ser despertado por um choque anímico. Passado o ataque de fúria, resolveu contar-nos a sua história.

Fora escravo. Ele e mais uma centena de companheiros. Sofrera toda sorte de castigos em sua vida. Do tronco ao chicote, da sede ao suplício do formigueiro, sobre o qual era jogado, amarrado, para que as formigas lhe rasgassem a pele, em lancinantes dores. Mas o que mais o marcara, e esse era o núcleo do seu problema, era ter perdido a filha, que fora vendida por ele, seu antigo dono e senhor e atual perseguido. O irmão subjugado tivera muitas escravas no passado, sendo que algumas foram por ele assassinadas pelo simples fato de trazerem no ventre filhos que ele mesmo gerara. Outras escravas, cientes da desgraça que se abateria sobre seus filhos, caso nascessem, pois seriam tratados como escravos, sem comiseração, preferiam o aborto, matando-os ou morrendo com eles. Até a esposa desse infeliz fazendeiro no passado, uma mulher branca chamada Adelaide, suicidara-se de desgosto, diante dos maus-tratos de que era objeto. Não conseguimos a trégua. Tampouco, ouvimos falar dele daí por diante.

Assim é a obsessão. Nem sempre é curável na presente existência. Disse-me o irmão obsessor:

- Não adianta! Mesmo que eu desistisse, outros assumiriam o meu lugar. Fizemos um pacto. Ele tem que se suicidar. Aquela casa está cheia de inimigos dele. Dessa ele não escapa.

A única coisa a fazer era orar. E é o que fazemos ainda hoje.

... com que alguns que ...

[illegible] e boas lições, para que o trabalho do Cristo não viesse a sofrer interrup-[illegible]

... aos companheiros a razão da ausência de alguns ao costumeiro trabalho durante...

... nos responder, visto mostrarem-se firmes no propósito de acertar. Frente aos...

... eles muito dialogar com o dirigente espiritual, que elucidou:

— ... acompanhando a série que a televisão está mostrando (Holocausto) e como a cena é...

... e violentas, eles vão dormir com tais cenas registradas na mente, dificultando...

... para o trato no trabalho — [illegible] ...

... com os episódios e dificultam o desdobramento na hora aprazada...

... acontecimentos, ficam a divagar no sono em busca dos locais das ocorrências...

... algumas personagens. Outro, ainda, que lembranças podem aflorar de ...

... tem funcionado como indutor na evocação de vidas passadas. Falo em tese. [illegible] ...

... esta sendo desafiado emocionalmente, nos médiuns que ainda não conseguem desli-...

... Quanto já sabemos como proceder: deitar, orar, mentalizar todo o grupo em ...

... o trabalho de Jesus. Chamo ainda a atenção dos médiuns para os [illegible] ...

... e o excesso da alimentação carnívora, fator que dificulta o desdobramento ...

... pode estar dificultando a saída do trabalhador, ou o seu encontro com o ...

... Crescemos muito! Lembramo-nos do sábio conselho de Paulo quando ...

... de mais carência. Estreitamos mais a conversação com alguns médiuns nos dias ...

... a interessar-se pela história dos judeus nos tumultuados dias da ...

... espíritos, ainda que momentaneamente. Outro nos disse que durante a ...

... Um terceiro nos confidenciou estar abusando da carne por ter ...

... que devemos evitar o excesso desse alimento, pelos fluidos pesados de ...

... tanto mal assim!

... da segunda, mas pela que carne, que tem fluidos muito mais fracos que a ...

... conscientes de que o erro não deveria repetir-se. Ao final, ...

A expiação se cumpre no estado corporal ou no estado de espírito?

A expiação se cumpre durante a existência corporal pelas provas às quais o espírito está submetido, e na vida espiritual pelos sofrimentos morais ligados ao estado de inferioridade do espírito.

O Livro dos Espíritos
Allan Kardec (pergunta 998)

A PEDRA

NESSES LONGOS ANOS em que venho conversando com espíritos sofredores, em reuniões mediúnicas, raramente chego a somatizar os sintomas que lhes são peculiares. Mas houve um caso em que pensei estar realmente doente, pois fui incomodado, sem intervalos, durante mais de uma semana por uma vigorosa dor na nuca. A princípio pensei estar estafado. Depois, lancei a culpa sobre a rede onde dormia, e por último, já tomando relaxantes musculares, concordei em aferir a pressão sanguínea. Contudo, continuei a dirigir o grupo mediúnico em que laboro. Certo dia, atendidos alguns irmãos sofredores, súbito, um médium exterioriza psicofonicamente o lamento de um irmão desencarnado:

– Jesus! Perdoai os meus pecados. Jesus! Perdoai os meus pecados.

Notei que o médium mantinha uma postura encurvada, qual se acentuada cifose o obrigasse a baixar a cabeça, dobrando-lhe a cerviz.

– Sente dores na coluna? – perguntei.

- Muitas - foi a resposta abafada. - Desde que matei o meu irmão carrego esta pedra amarrada em meu pescoço. O padre disse-me que quando Jesus perdoasse esse pecado, a pedra perderia o peso. Mas, como ele ainda não me perdoou, eu continuo a levar essa pedra como castigo.

- Por que você me segue há dias? - perguntei enternecido diante daquela ingenuidade de pecador arrependido.

- Porque um homem me mandou ficar perto do senhor. Ele me disse que o senhor me traria a um lugar onde eu seria perdoado, diminuindo o peso da pedra.

Oramos por ele. Eu lhe disse, então:

- Quando terminarmos a prece, a pedra não mais estará no seu pescoço. Ore conosco! Peça perdão a Jesus agora, pela sua falta. Essa é a oportunidade para que a pedra perca o seu peso.

Ele orou conosco. No final, o seu grito de surpresa e alegria. Seu pescoço estava livre.

- Fui perdoado! - exclamou.

Expliquei-lhe que, embora "perdoado", ele deveria fortalecer-se para os embates que a vida certamente lhe traria, como consequência do seu ato passado.

No dia imediato notei com alegria que a dor havia desaparecido. Pensei: Teria sido invigilância minha? Algo me respondeu que os bons espíritos permitiram que o espírito sofredor se aproximasse de mim para que ele pudesse ser auxiliado. Ou será que esse algo é apenas mais uma manifestação do desculpismo tão comum, que a nossa mente consegue engendrar para as falhas que julgamos não ter?

Qual o maior obstáculo ao progresso?

O orgulho e o egoísmo. Eu quero falar do progresso moral, porque o progresso intelectual caminha sempre e, à primeira vista, parece dar a esses vícios um redobramento de atividade, desenvolvendo a ambição e o amor das riquezas que, a seu turno, excitam o homem às procuras que esclarecem seu espírito. É assim que tudo se tem no mundo moral como no mundo físico e que do mal mesmo pode surgir o bem. Mas esse estado de coisas é breve e mudará, à medida que o homem compreenda melhor que há, fora dos prazeres dos bens terrenos, uma felicidade infinitamente maior e infinitamente mais durável.

O Livro dos Espíritos
Allan Kardec (pergunta 785)

O ORGULHO

O ORGULHO É um vício bastante arraigado nos corações humanos. Desvencilhar-se dele é trabalho hercúleo, no qual a boa vontade e o esforço devem empreender longas e árduas batalhas ao longo dos séculos, pois ninguém se torna humilde entre um nascer e um pôr do sol. É esse vício que inumeráveis malefícios causa ao indivíduo em particular, e às nações de maneira geral, pois o orgulho das nações resulta da soma do orgulho dos indivíduos. É pelo orgulho que os crimes se avolumam, as contendas se instalam nos lares e ambientes, que milhares de obsessões são alimentadas, que as mágoas são conservadas e o progresso do mundo dificultado, retardando-se a instalação definitiva da paz e da concórdia no planeta.

Os espíritas não estão imunes à sua virulência. Apesar de conscientes do seu alto poder corrosivo - com o que se tornam mais responsáveis pela intimidade com que o agasalham –, são comuns as atitudes hostis entre os aprendizes que, empolgados pela luminosidade e lógica dos postulados espíritas, ingressaram na doutrina sem a legítima prioridade da reforma interior.

Infelizmente, esse vício está incrustado em todas as religiões, qual célula cancerosa a ameaçar órgãos e sistemas. Basta o orgulho chegar para afastar os nascentes raios do perdão, o embrião da humildade, as tenras hastes da fraternidade, a gestação da paz. A construção do anjo deve passar obrigatoriamente pela destruição desse vício milenar. E só através do esmeril da boa vontade, do buril do esforço e da lixa do trabalho edificante, consegue o espírito subtrair-se do seu jugo, mostrando a luminosidade a que foi destinado.

Fomos chamados, certa feita, a ministrar pequeno curso sobre mediunidade a médiuns já com alguma prática, mas ainda carentes de subsídios teóricos. Iniciei o curso fazendo ligeiro histórico da mediunidade, despertando bastante interesse por parte de todos, que se desdobraram em perguntas e apreensões. Entretanto, um deles, considerado a estrela da casa, porque, além de ser médium psicofônico, ainda atendia à clientela doente transcrevendo mediunicamente receitas e remédios, permanecia algo crítico e indiferente às nossas observações. E, julgando que ser médium seria apenas receber espíritos, ausentou-se do curso, dizendo-se conhecedor do assunto estudado. Talvez se considerasse um profundo conhecedor, ou, quem sabe, se sentisse inibido em participar, junto com os outros companheiros, de estudos por ele considerados primários, de vez que há mais de dez anos exercia dignamente a sua mediunidade.

Passei a semana com os companheiros, discutindo, à luz da codificação espírita, os assuntos específicos a cada tipo de mediunidade que apresentavam. Transmiti conselhos recebidos de instrutores da casa espírita onde trabalho, e que muito me ajudaram, dado que aclaravam em muitos pontos os livros doutrinários.

No último dia, fizemos uma espécie de aula prática. Dispusemo-nos à mesa e dirigimos a reunião. No final, após os comentários e observações sobre o desempenho do grupo, um dos médiuns me entregou um papel com mensagem por ele psicografada. Era o conselho de um amigo para o médium faltoso, ou seja, do médico que o auxiliava no seu trabalho, pedindo-lhe pelo menos ler bulas de remédios para facilitar a sua atuação através dele, minorando, com isso, o sofrimento daqueles que buscavam a casa.

Estava faltando ao médium a humildade para reconhecer-se aprendiz.

Num dia, tivemos uma espécie de aula prática. Dispostos [illegible] nos à mesa e dirigimos a reunião. [illegible] observava [illegible] um dos médiuns me entregou um papel com mensagem por ele psicografada. Era o conselho de um amigo para o médium faltoso, ou seja, do médico que o auxiliava no seu trabalho, pedindo-lhe [illegible] para depositar fluidos [illegible] para facilitar [illegible] através dele, minorando, com isso, o sofrimento daqueles que buscavam [illegible] estava [illegible]

O medo da morte é para muitas pessoas uma causa de perplexidade; de onde vem esse temor, visto que elas têm diante de si o futuro?

É errado que tenham esse temor. Todavia, que queres tu! Procuram persuadi-las em sua juventude de que há um inferno e um paraíso, mas que é muito mais certo que elas irão para o inferno porque lhes dizem que, o que está na natureza, é um pecado mortal para a alma. Então, quando se tornam grandes, se têm um pouco de julgamento, não podem admitir isso, e se tornam ateias ou materialistas. É assim que as conduzem a crer que, fora da vida presente, não há mais nada. Quanto às que persistirem em suas crenças da infância, elas temem esse fogo eterno que as deve queimar sem destruir. A morte não inspira ao justo nenhum medo, porque com a fé ele tem a certeza do futuro, a esperança lhe faz esperar uma vida melhor, e a caridade, da qual ele praticou a lei dá-lhe a certeza de que não reencontrará, no mundo em que vai entrar, nenhum ser do qual deva temer o olhar.

O Livro dos Espíritos
Allan Kardec (pergunta 941)

O OSSO

A MULHER CHEGOU ao centro muito mal. Dois companheiros a amparavam para que ela pudesse subir os degraus, em busca da salutar terapia do passe. Conversei com os que a atenderam, para saber a sua história.

– Ela ficou assim após a desencarnação de uma irmã a quem muito amava – foi o que me disseram.

Contudo, procurando maiores informes, eu soube que a sua irmã desencarnara engasgada com um osso. A partir daí ela havia passado a orar pela desencarnada, vindo então a sentir de maneira muito forte a sua presença, como se o espírito da irmã quisesse apossar-se do seu corpo. Segundo me informaram, essas foram suas palavras textuais, pronunciadas antes de perder a voz.

- Perder a voz? - indaguei surpreso.

- Sim! perder a voz. No espaço de uma semana ela perdeu a voz, e há um mês iniciou tratamento com neurologistas, psicólogos, psiquiatras... Alguém a aconselhou a procurar um centro espírita. O resto você já viu.

Terminou assim a minha conversa com a companheira que faz o papel de recepcionista na casa em que trabalho.

Nessa mesma noite, ao iniciarmos a reunião de desobsessão, já na leitura do Evangelho (pasmem-se os leigos que confundem o centro espírita com terreiros de magia negra: nós lemos o Evangelho!), uma das médiuns começou a apresentar leves sintomas de falta de ar, com tosse, de início discreta, mas que se foi intensificando até que, ao diminuirmos a luminosidade para o início da fase prática, ocorreu a comunicação.

A médium apenas apontava para a garganta, sem conseguir articular uma só palavra, tão evidentes eram a sufocação, a tosse rouca, o engasgo. Eu lhe disse que já conhecia o seu drama, e que todos os cuidados já haviam sido tomados para a retirada da obstrução da sua garganta. Oramos. Sempre a prece! Que outro remédio mais eficaz e de efeito mais rápido o centro espírita, na pessoa de seus trabalhadores, pode ministrar? Não é a fé que remove montanhas? Como não removeria um osso? Os "milagres" do nascimento, da renovação, da luz, da saúde, do amor, da vida, muitos deles não se materializam pela força da prece? A oração é o alimento do espírito e a suave homeopatia para os seus males. Consciente disso e da atuação dos mentores da casa, disse-lhe ao terminar a prece:

- Pronto, minha irmã! Retirei o osso. Veja! - disse eu, estendendo a mão espalmada como se lhe mostrasse o osso. - Veja o que lhe causou tanta agonia.

É claro que durante a prece eu pedira isso aos bons espíritos, atuando eu mesmo no sentido de modelar, pelo pensamento, um pequeno osso em minha mão. Isso auxiliaria na retirada do bloqueio mental em que ela se deixara paralisar.

- Veja como o ar passa mais livremente pela sua garganta! - insisti.

Ela passou a mão na garganta, tentou falar, mas emitiu apenas um som gutural e sofrido.

- Quero ir para casa - foi a frase que ouvi.

Respondi com alegria e alívio, que antes ela necessitava passar por um hospital, pois apesar da remoção do osso, a sua garganta ainda estava inflamada, necessitando de auxílio urgente.

Dizer-lhe que ela havia morrido? Nunca! Se ela não estava preparada para enfrentar um simples osso de galinha, como suportaria contemplar a ossada humana que lhe pertencera? Os espíritos a preparariam para aquela revelação posteriormente, no momento propício. A cada dia basta a sua aflição, e a daquele dia já fora muito forte para que uma outra viesse sobrepor-se às angústias já existentes.

A irmã encarnada voltou a falar normalmente. Sustada a causa, eliminado o efeito. Pensei comigo mesmo: O doutrinador deve estar atento às necessidades dos que buscam o centro espírita. Na maioria das vezes as mazelas dos frequentadores lhe são apresentadas para que ele e a sua equipe mediúnica aconselhem, orem, semeiem a confiança, o otimismo, promovam o ânimo, a coragem, inspirem a busca pela paz, pela esperança...

Como sempre, esperei a resposta da consciência, que não se fez esperar: "Pois cuide-se, doutrinador! Cuide-se para não decepcionar os que o procuram."

[illegible] que alguns [illegible]

[illegible] a tua ânsia, para que o trabalho do Cristo não passe a sofrer [illegible]

[illegible] compreendemos a razão da ausência de alguns no costumeiro trabalho [illegible]

[illegible] responder, visto manterem-se firmes no propósito de acertar, frente [illegible]

[illegible] dialogar com o dirigente espiritual, que elucidou:

[illegible] a série que a televisão está mostrando (Holocausto) e [illegible]

[illegible], eles vão dormir com tais cenas registradas na mente, [illegible]

[illegible] para o trabalho? – [illegible]

[illegible] com os episódios e dificultam o desdobramento na hora [illegible]

[illegible], ficam a divagar ou saem em busca dos locais dos [illegible]

[illegible] personagens. Ocorre, ainda, que lembranças podem [illegible]

[illegible] induzir na evocação de vidas passadas. Fala em [illegible]

[illegible] desequilíbrio emocional, nos médiuns que ainda não conseguem [illegible]

[illegible] já sabem como proceder. Evitar, orar, mentalizar tudo o [illegible]

[illegible] trabalho de Jesus. Chama ainda a atenção dos irmãos para o [illegible]

[illegible] o excesso de alimentação carnívora, fator que dificulta o [illegible]

[illegible] estar dificultando a saída do trabalhador, ou o seu encontro [illegible]

[illegible] Companheiros! Lembramo-nos do sábio conselho de Paulo quando [illegible]

[illegible]. Estranhamos, mas a conversação com alguns médiuns [illegible]

[illegible] interessar-se pela história dos judeus nos tempos dos da [illegible]

[illegible], ainda que inconscientemente. Outro nos disse que durante [illegible]

[illegible] Uns terceiros nos confidenciaram estar abusando da carne por [illegible]

[illegible] devemos evitar o excesso desse alimento, pelos fluidos pesados [illegible]

[illegible] tanto mal, amanhã!

[illegible], mas pela que carne, que tem fluidos muito mais [illegible]

[illegible] de que o errado não deveria repetir-se. Ao final, [illegible]

Como definir o limite em que as paixões deixam de ser boas ou más?

As paixões são como um cavalo que é útil quando está dominado e que é perigoso quando é ele que domina. Reconhecem, pois, que uma paixão se torna perniciosa a partir do momento em que não podeis governá-la e que ela tem por resultado um prejuízo qualquer para vós ou para outrem.

O Livro dos Espíritos
Allan Kardec (pergunta 908)

PAIXÕES DESVIRTUADAS

SE O CÉREBRO material ainda nos é desconhecido, é fácil imaginar o quanto ignoramos a mente, como complexo mecanismo criador e modelador. Basta lembrar que há nas regiões trevosas espíritos cujo poder mental é incontestável, dominando vastas populações, submetendo legiões de ignorantes que lhes obedecem cegamente, escravizados, mantidos na condição de serviçais, através de métodos hipnóticos ou magnéticos, e também, é lógico, pela afinidade das vítimas com o trabalho que lhes é imposto. Nesses recantos escuros eles reinam sem contestação, manipulando as forças mentais ou utilizando-se da crueldade, dois argumentos respeitados, verdadeiras credenciais para os postos de comando nessas regiões trevosas.

Essas associações belicosas são frequentemente requisitadas por espíritos que firmam com elas os mais diversos tipos de conluios e negociatas, interessados em vinganças, obsessões, combate às casas espíritas e toda sorte de trabalhos indignos. Todavia, aquele que se escuda na oração e na vigilância, e em cuja conta cármica não constam maiores débitos, pode prosseguir sem tropeços, mesmo caminhando no gume da navalha, atingindo, afinal, os seus objetivos graças ao suor derramado no esforço de subida. Assim também tem sido em nossa casa espírita há dezenas de anos.

Ao notar que perdera alguns de seus auxiliares e que outros não conseguiam cumprir adequadamente os seus propósitos junto aos médiuns da casa, visitou-nos em certa reunião um desses espíritos-chefes, assumindo postura calma, mas intimidativa. Através da psicofonia, passou a enumerar, para cada um de nós, as deficiências mentais que ostentávamos, tentando estabelecer um paralelo para mostrar em que pontos a nossa posição mental era sensível à sua atuação.

- Já coloquei muitos a dormir aqui - disse-nos. - Basta leve sugestão, e logo sentem mal-estar, sono, irritação, desânimo... Você não se perguntou ainda por que o seu grupo de estudos está diminuindo? Pois bem! Aqui estou eu. Vamos! Tentem! Façam me sentir coceiras, queimaduras, cegueira. Façam-me sentir amarrado, imobilizado... Vocês são uns tolos. Domino todas essas técnicas primárias. Sou um mestre, ouviram? Um mestre!

Tentei dizer-lhe que o único mestre a quem reconhecemos é Jesus, e que nenhum poder magnético havia, superior à prece, porém ele continuou a zombar da nossa "fragilidade". Passamos a orar, mas a prece parecia não surtir efeito algum, apesar de todo o grupo estar coeso em pensamentos, e de dois passistas estarem em constante atividade junto ao desafiante.

Um dos mentores da casa, após solicitar permissão para falar, dirige-lhe palavras de amor e fraternidade, tendo ele respondido que estava imunizado contra tudo aquilo. Passamos então, sem desespero nem afobação, com a mesma calma com a qual o saudáramos no início, a mentalizar a figura do doutor Bezerra de Menezes, solicitando o seu auxílio. O espírito permaneceu igualmente tranquilo, ciente da sua superioridade. Passados dois minutos de mentalização (puxa! nunca dois minutos me pareceram tão compridos!), ele começou a lutar contra o que dizia ser uma sugestão que o dominava, fazendo-o sentir-se cego. Exclamava para si mesmo:

- Não! É uma sugestão.

Mas não logrou recuperar a visão. Após alguns instantes de esforço mental, sem resultado prático, ele se rendeu:

- Então! Onde está o mestre que dominou a minha mente com essa sugestão? Sei que foi isso. Apenas ele tem a mente superior à minha. Onde ele está? Eu preciso conhecê-lo.

Contudo, nem nós sabíamos onde ele se encontrava. Teria o doutor Bezerra feito aquilo à distância ou se deslocara até nós, atendendo ao SOS que emitíramos? O comunicante, ainda se sentindo cego, retirou-se com uma ameaça:

- Vou voltar aqui! Vou estudar essa técnica. Vou aprofundar-me ainda mais e voltarei para conhecer esse mestre que me sugestionou.

Ato contínuo, comunica-se um nosso amigo espiritual, com informações sobre o visitante:

- Chamara-se Hermógenes. Vivera em épocas recuadas no Egito antigo, já dominando técnicas de hipnotismo e de magnetismo avançadas para a sua época. Sempre tivera grande paixão por esses estudos, e ainda hoje continuava pesquisando e aprofundando-se, sem, contudo, associar seus conhecimentos ao fator crescimento espiritual, para si ou para o próximo. Pode-se dizer que ele é um grande mago, mestre em magia negra e em hipnotismo. Domina muito bem a manipulação dos fluidos e as correntes mentais, e está ligado a uma organização trevosa que provoca verdadeiras deformações perispirituais naqueles que lhes caem no domínio. Ele é o responsável pelos casos de licantropia e zoantropia levados a efeito por essa organização, mas apesar de tanto poder mental, não passa de um pobre irmão necessitado, situado nas faixas inferiores da evolução.

Ao mesmo tempo em que esse amigo espiritual nos passava essas informações, ele atuava com vistas a absorver os fluidos enfermiços, carregados de pesado lastro de toxidez, propositadamente deixados no ambiente pelo espírito necessitado que se retirara.

Para nós era mais uma demonstração de que o amparo e a assistência de Jesus nunca estão ausentes, quando a necessidade nos pressiona. Alguém comentou depois:

- E se o Bezerra não tivesse vindo?

- Observação inócua - respondeu outro. - Não foi Jesus quem disse que "tudo o que pedirdes orando, crede que o terás e assim vos será feito"? Se ele não tivesse corrido em nosso socorro, a lógica nos diz que a causa teria sido a insuficiência da nossa prece, que não teria sido convincente, não atingindo, portanto, os seus objetivos.

- É! - rendeu-se o primeiro.

Há uma fatalidade nos acontecimentos da vida, segundo o sentido ligado a essa palavra, quer dizer, todos os acontecimentos são predeterminados? Nesse caso, em que se torna o livre-arbítrio?

A fatalidade não existe senão pela escolha que fez o espírito, em se encarnando, de suportar tal ou tal prova. Escolhendo, ele faz uma espécie de destino que é a consequência mesma da posição em que ele se encontra. Eu falo das provas físicas, porque para o que é prova moral e tentações, o espírito, conservando o seu livre-arbítrio sobre o bem e sobre o mal, é sempre senhor de ceder ou de resistir. Um bom espírito vendo-o fraquejar, pode vir em sua ajuda, mas não pode influir sobre ele de maneira a dominar sua vontade. Um espírito mau, quer dizer, inferior, mostrando-lhe, exagerando-lhe um perigo físico, pode abalá-lo e assustá-lo; mas a vontade do espírito encarnado não fica menos livre de todos os entraves.

O Livro dos Espíritos
Allan Kardec (pergunta 851)

AGRESSÕES

AS AGRESSÕES TÊM sido comuns em todas as épocas, motivadas tanto pelo pensamento invigilante, quanto pelas palavras e ações daqueles que ainda não adquiriram a capacidade da compreensão fraterna, prenúncio do amor pleno. Médiuns e doutrinadores não estão imunes às chispas de ódio, nem às farpas da ignorância que os atingem no abençoado concurso de servir, objetivo este por vezes situado em rota de impacto com as pretensões dos que querem ferir. No entanto, apressamo-nos em informar que médiuns evoluídos, já desvinculados das provações terrenas através do seu esforço em atingir essa posição, constituem raridade entre nós. A imensa maioria é arregimentada pela dor, para que através dela, sentindo em si mesmo os seus efeitos, possa o ser humano compreender a necessidade de minorar a de seus irmãos, descompromissando-se, assim, de antigas mazelas, das suas pústulas morais, as quais apenas alcançam a cicatrização com o uso do desinfetante da prece e dos curativos do trabalho.

É forçoso concluir que num campo de batalha, alguém há de ferir-se, seja pelo descuido ao expor-se às armas inimigas, seja pelos seus compromissos para com a lei. Às vezes nascemos sob o guante de perspectivas que, a depender da prioridade que atribuímos à nossa reforma íntima, podem se tornar flexíveis, modificando a sorte que parecia selada em nosso destino. De outras vezes, o determinismo é milimétrico, ferindo-nos com o mesmo ferro com que a outros ferimos.

O certo é que, na lavoura mediúnica, o trabalhador pode vir a sofrer os danos da sua invigilância, ou usufruir das atenuantes facultadas pela lei cármica, tendo a carga suavizada, e não raro, repartida, em função da solidariedade e do apoio dos companheiros. Inocentes que se ferem não existem, uma vez que sempre, de uma forma ou de outra, os acontecimentos resultam de nossa ação ou omissão. Trabalhando com a dor humana, o operário da mediunidade muitas vezes tem que sufocar a sua própria dor para cuidar da dor do outro, pois esse procedimento é justamente o remédio de que necessita para curar-se. Aquele que ousa acrisolar-se em sua dor, dizendo-se vítima de injustiças ou de perseguições de companheiros, isola-se em sua amargura, dificultando a sua cura pela má administração do medicamento que tem em mãos. É pensamento conhecido nas searas espíritas que aquele que padece a dor cura-se curando a dor alheia, alegra-se provocando a alegria, eleva-se, a outros elevando. Fazer ao próximo aquilo que gostaríamos que ele nos fizesse é, portanto, receita para a dor do mundo, antídoto infalível, vacina insubstituível. Mediunidade, em qualquer circunstância, deve ser sinônimo de trabalho e renovação, para que dores antigas não se adicionem às atuais, transformando o terreno promissor dos bons frutos em aterro asfixiado por ervas urticantes.

Voltamos a tratar aqui do caso do companheiro Hermógenes, narrado no capítulo "Paixões desvirtuadas", em virtude de ter-se desdobrado em variados lances, persistindo o espírito citado em perseguir severamente os médiuns, por não perdoar nem a eles nem a si próprio, pela humilhação sofrida em sua visão, por ter sido superado em sua atuação mental.

Depois de uma semana, um dos nossos médiuns amanheceu com estranhos arranhões na pele, nos braços e na altura da coxa, como se afiadas garras os tivessem provocado, sem que houvesse explicações plausíveis para o acontecido. Ficamos obviamente apreensivos quanto às lesões. Recebemos então a comunicação de um espírito que se prontificou a oferecer-nos os esclarecimentos desejados:

- Hermógenes é um mestre de poderes invejáveis. Domina todas as técnicas de manipulação de fluidos. No hipnotismo, na captação de ondas mentais, na telepatia e em outras áreas, é capaz de trabalhos que atestam seus inquestionáveis conhecimentos. Sua mente é poderosa, tanto pelos conhecimentos que armazena quanto pelo magnetismo pessoal de que é portadora. O que aconteceu, meus irmãos, foi o seguinte: o médium foi invigilante, permitindo o acesso de um espírito trevoso à sua organização perispirítica. Durante o sono, Hermógenes dominou telepaticamente a esse irmão inferior, e, sendo mestre em captação de ondas mentais, ajustou as ondas de pensamento do médium com as do agressor, estabelecendo uma sintonia, o que facultou a aproximação dos dois, com o consequente ataque. As garras desse espírito feriram o perispírito do médium, com repercussões no físico.

Era evidente a exaltação exagerada ao obsessor, como visível era a intenção de diminuir-nos em combatividade e eficiência.

Percebemos claramente a sua tática: exaltar a figura do seu chefe, fazê-lo passar por poderoso para incutir medo, mostrar o médium como invigilante, rebaixando-o em sua tarefa.

Eu lhe disse, então:

- Meu amigo, se Hermógenes tivesse tal poder de estabelecer uma sintonia mental, graduando as mentes dos médiuns com a de agressores e bandoleiros do espaço, creio que o nosso grupo e outros semelhantes já não existiriam mais.

Mas o adversário não desistiu. Descobrimos isso porque em outra ocasião, um espírito, hipnotizado para sentir-se um animal que se alimentava de carne crua, tentou provocar o pânico na reunião. O médium esforçava-se para conter o manifestante, que rugia em fúria, encurvando os dedos como se quisesse rasgar-nos o rosto com suas garras. Com suas mãos seguras por um dos passistas e contando com a suave mentalização e a prece coletiva do grupo, fomos aos poucos nos entendendo. Era preciso fazê-lo sentir-se humano novamente. Tentei abrir-lhe as mãos e levá-lo a compreender que éramos amigos. Contudo, ele estava sob forte pressão da ideia subjugante. Por isso, procurei desviá-lo do núcleo da sua cristalização. Com esse objetivo, tomei suas mãos - na verdade, as mãos do médium - e pedi para que as observasse. Fiz-lhe perguntas e observações para retirá-lo do cerco em que se encontrava, pois, seu algoz o vigiava à distância, dominando-o. Fi-lo crer que podia conversar. Ele terminou por falar aquilo que pensava ser o seu nome, "Leão de Judá". Começou assim a sair do espaço fechado em que se situava, tornando-se receptivo ao carinho que lhe dedicávamos.

Mais tarde, em nosso grupo de estudos, intrigados ainda com os ferimentos da médium, perguntamos aos nossos instrutores, qual o motivo do seu surgimento. Eis a resposta de um deles:

– Durante o sono físico, os médiuns que estão a serviço do bem, encontram-se sob a proteção do próprio bem, amparados que são pelos bons espíritos, contra as investidas das trevas. A médium em questão ausentou-se por sua livre opção do nosso perímetro de proteção, apesar de avisada dos perigos que poderia enfrentar, aventurando-se sozinha por regiões desconhecidas. Usou o seu livre-arbítrio de ir e vir livremente, no qual não interferimos. Um irmão inferiorizado, que a espreitava, abordou-a lesando-lhe o perispírito, lesões essas que se exteriorizaram no corpo físico. Essas são as razões de desconhecidas e misteriosas doenças cujas causas a medicina não consegue estabelecer. Os espíritos trevosos podem colocar no perispírito de suas vítimas fluidos perniciosos, possibilitando o surgimento de doenças incuráveis. É assim que, por vezes, cessado o processo obsessivo, a doença desaparece.

- Quer dizer, então, que a médium, quebrando as normas de trabalho, sob sua inteira responsabilidade, deve a si mesma o que lhe ocorreu? - perguntei.

- Sim! Ao tomar a deliberação de afastar-se sozinha da nossa área de proteção, facultou ao irmão que a observava a oportunidade de revide. Nós não interferimos. As lições são ministradas conforme a receptividade de cada aprendiz. Mas não se impressionem com o fato. Ela estava o tempo todo, embora sem o saber, sob as nossas vistas.

Após mais uma semana o mago retornou. Dessa vez, procurava fazer-se passar por um dos mentores da casa. Cumprimentou-nos e, dizendo-se saudoso da nossa companhia, entrou em conversação elogiosa.

- Não gosto de elogios - rebati. - Aqui o elogio é arma de inimigos e a crítica sincera, apoio dos amigos.

- Mas não o estou elogiando - desculpou-se. - Digo a verdade.

- Ora, meu irmão! A impostura tem um cheiro muito forte. A hipocrisia não resiste ao toque suave da oração. Façamo-la juntos - foi o meu convite.

Ele foi desviando a mão devagarinho para a cintura, como se fosse apanhar uma arma, mas ao erguer o braço para me golpear, foi contido por um passista que já estava de sobreaviso. Aí ele entrou em fúria. Ameaçou-me o quanto pôde, dizendo que ia me seguir pelas vinte e quatro horas do dia, que a minha morte estava próxima. Em dado momento, acalmou-se e sorriu.

– Estou calmo – disse-me. – Você já pode mandar soltar-me.

O passista então o liberou. Contudo, tão logo se viu livre, novamente tentou atingir-me, sendo mais uma vez contido.

– Maldito seja! – vociferou. – Estes punhais estão enfeitiçados. Não é necessário que eu os toque. Basta que eu pense e eles se projetarão contra você.

Foi mais uma das suas ameaças. Concentrou-se sobre os punhais que, segundo ele, estavam sobre a mesa.

– Se você tentar dirigir os punhais contra mim, eles atingirão a você mesmo, pois é da lei que aquele que fere seja ferido – adverti.

Nesse instante, por processos desconhecidos para mim, ele viu um punhal projetar-se da mesa e encravar-se em suas costas, levando-o a emitir lancinante grito de dor. Passou a curvar-se, na tentativa infrutífera de arrancar o punhal, que parecia imantado a seu corpo.

Desprendeu-se entre impropérios e lamentações. Fora vencido mais uma vez. Não por nós. Mas pelo bem em si, pela luz, pela divina presença de Jesus, visto estarmos reunidos em seu nome. Confirmado estava novamente o que confirmado já fora tantas vezes antes: a força da mente é grande, mas a força da prece é maior, suave e pacificante, mas poderosa.

Jesus disse: quem matou pela espada perecerá pela espada. Essas palavras não são a consagração da pena de talião? A morte infligida ao homicida não é a aplicação dessa pena?

Tomai cuidado! Vós vos tendes enganado sobre essa palavra como sobre muitas outras. A pena de talião é a justiça de Deus e é Ele que a aplica. Todos vós suportais, a cada instante, essa pena, porque sois punidos pelo que haveis pecado, nesta vida ou em outra. Aquele que faz sofrer seus semelhantes, estará numa posição em que sofrerá, ele mesmo, o sofrimento que causou. E o sentido das palavras de Jesus; mas vos disse também: perdoai vossos inimigos e vos ensinou a pedir a Deus perdoar vossas ofensas, como vós mesmas tiverdes perdoado, quer dizer, na mesma proporção que tiverdes perdoado: compreendei-o bem.

O Livro dos Espíritos
Allan Kardec (pergunta 764)

VINGANÇA

A VINGANÇA É, na maioria das vezes, o móvel da obsessão. Os métodos que o vingador usa não são questionáveis para ele, por julgar que todos os meios são válidos para atingir seus objetivos. O que importa é abater, anular o seu antagonista, fazendo com que ele sofra, na pele, uma dor igual, ou maior, do que a que ele próprio recebera anteriormente. O que ele não admite é que seja menor. Julgando-se injustiçado e com direito à vingança, pois apenas cobra o que lhe devem, ao vingador não interessa a sua vida passada ou futura, uma vez que cristalizou a ideia do revide, às vezes durante séculos. Não será, portanto, uma simples conversa de dez minutos que o demoverá de seus intentos. Por vezes, acostumado com o comportamento da sua época, ou do lugar onde viveu, nos quais a desonra, o ultraje, a agressão, a traição e demais mazelas da alma eram cobradas com sangue, ele não pode compartilhar das ideias do doutrinador, cujos argumentos de perdoar para ter paz, ou reconciliar-se e seguir adiante, lhe parecem covardia ou coisa fora de propósito. Nada tem contra o doutrinador, desde que este não o impeça em seus movimentos para "fazer justiça".

A vingança, tida como um direito durante séculos, é fruto da educação distorcida e da falsa interpretação das leis divinas. O Deus sanguinário, vingativo, irado, que seguia à frente de bandos violentos a degolar crianças, velhos e até animais, é criação humana para justificar sua inferioridade. Constitui, na verdade, a antítese da criação, pois, no caso, foi o homem quem criou, à sua semelhança, esse Deus vingativo, ou seja, dotado de todas as paixões humanas. Não encontramos toda sorte de punições, crimes, revides e vinganças, no Velho Testamento? É certo que ele narra a história do povo hebreu, mas as paixões desse povo não devem ser imputadas a Deus.

Ainda hoje, tendo já o homem pisado na lua e vasculhado o fundo do mar, teima-se em interpretar ao pé da letra o "olho por olho e dente por dente", transformando esta frase em bandeira ou lema para as maiores atrocidades. Que mundo é este, que insiste em não deixar o pântano? Que mundo é este, cujos primeiros ensinamentos ao recém-chegado é a violência do desamparo ou do egoísmo desenfreado? Que fizeram dos ensinamentos de Jesus referentes ao bem conviver, que aconselhavam os homens a perdoarem setenta vezes sete vezes, a reconciliarem-se com os seus inimigos, a amarem ao próximo como a si próprios? A verdade é que o débil homem tecnológico teme esses ensinamentos, receando ser ridicularizado, ou simplesmente os ignora, em postura acomodatícia nos fugazes momentos de conforto material terreno.

Os preceitos salutares se firmam melhor e são cultivados nos corações simples e humildes, que revelam a sabedoria da prudência na sua aplicação prática. No mundo, pródigo em inversão de valores, ainda é considerado sábio aquele que descobre fórmulas mortíferas para as guerras químicas, venenos letais para os inimigos, iniciando novos conflitos, dando origem a ódios violentos e duradouros. Todavia, a bomba que deverá explodir e matar todo o egoísmo da Terra, chama-se caridade. Só então a vingança será explicada aos nossos netos como método arcaico e bárbaro de cobrar ofensas recebidas.

Citarei nesse estudo dois instantes de cobrança, em diferentes estilos e reuniões, pela singularidade de que se revestiram.

1. Comparecia algumas vezes à nossa reunião o espírito de um homem degolado na revolução francesa, pertencente às casacas vermelhas - pois assim se vestia -, comandando alguns companheiros que tiveram a mesma sorte que a sua. Foram traídos por aquele que os chefiava, ocasião em que foram entregues ao inimigo e mortos sem piedade. Esse espírito, chamado Maurice Monreint, apresentava-se aos videntes com a cabeça decepada, pois esta era a sua maneira de fazer-se observar pelo traidor, aflorando-lhe as lembranças da sua traição. Iguais trajes traziam os seus companheiros, apresentando-se alguns como degolados, trazendo as cabeças nas mãos, ao passo que outros evidenciavam marcas de profundos golpes no pescoço, todos eles muito revoltados e bastante ensanguentados. Denunciados na época por suas ideias, pereceram na guilhotina, cristalizando então aquele instante trágico, juntamente com a figura do traidor, estigmatizando-o de forma a exigir reparações. Vingança era a palavra-chave para Maurice, que agora se debate em dúvidas quanto ao caminho a seguir. Encontra-se empenhado na avaliação da própria vida. Que fazer? Seguir o amor, tão forte, por um filho chamado Frederic, menino cego que era a razão de sua vida na época do evento, ou continuar a perseguição? Creio que o amor, como sempre, vencerá.

2. Certa feita fomos surpreendidos com uma saudação a Hitler, quebrando o silêncio da sala de desobsessão. Ao conversarmos com o irmão nazista, este não escondeu os seus objetivos: com a ajuda de mais alguns companheiros, perseguia um antigo judeu, encarnado no Brasil, para vingar a morte de alguns soldados alemães. Ele fora um militar, capitão Freddie Müller, e agora comandava uma organização nazista voltada para o extermínio dos judeus, encarnados e desencarnados, como nos confessou. Continuavam combatendo aqueles que se opuseram à Alemanha, atuando como verdadeiras companhias militares, portando material bélico pesado. Para registrar a sua comunicação, ele instalou uma espécie de equipamento de vídeo para que fosse transmitida aos seus seguidores. Como capitão e chefe da companhia, ele repetia o que deveria ser a ordem do dia e de sempre: "Morte aos judeus!"

Assim é a vingança: escada interminável, poço sem fundo, cuja altura e queda possuem a dimensão determinada pelo próprio espírito que a cultiva.

Podemos ter vários espíritos protetores?

Cada homem tem sempre espíritos simpáticos, mais ou menos elevados, que se afeiçoam e se interessam por ele, como tem os que o assistem no mal.

O Livro dos Espíritos
Allan Kardec (pergunta 512)

ASSISTÊNCIA ESPIRITUAL

EM MUITAS OCASIÕES temos oportunidade de tomar ciência, através dos próprios desencarnados, de problemas por vezes angustiantes enfrentados por companheiros da casa espírita. Essas revelações evidentemente são feitas com o objetivo de auxiliar a esses companheiros. Nesses casos, a regra é sempre a mesma: o receber está intimamente ligado à doação. Os médiuns credenciam-se a receber a assistência dos amigos invisíveis na medida em que eles próprios atuem no socorro aos enfermos. Como em um grupo de desobsessão a harmonia mental dos componentes é prioridade absoluta, os dirigentes e mentores do grupo destacam companheiros em missões especiais, para que os trabalhadores da desobsessão se assentem à mesa mediúnica em condições de auxiliar e não como carentes de auxílio. Assim é que, no dia da reunião, nossas casas podem ser visitadas por esses amigos, com o objetivo de tentar harmonizar as vibrações, pacificar os ânimos, regular a saúde, manter o otimismo. Para isso, utilizam os recursos da prece, do passe, das intuições e do manuseio fluídico, higienizando o ambiente e revigorando os seus habitantes. Ocorre às vezes que, por invigilância de alguém naquele lar, o acesso é facultado a espíritos perturbadores interessados no desequilíbrio do médium. Nesses casos, essas entidades são retiradas por milicianos do plano espiritual, e trazidas à reunião. Em casos extremos, quando entidades trevosas tentam ilhar a casa espírita, tendo em vista que esta torna-se constantemente alvo de ataques de espíritos ignorantes, essa vigilância protetora sobre os médiuns torna-se ostensiva, a ponto de postar-se uma espécie de guarda-costas em ronda nas residências daqueles contra os quais o assédio é maior.

Muitas vezes, obsessores renitentes se dizem frustrados em seus planos de ataque, aos médiuns ou a seus familiares, pela ação desses vigilantes, sejam estes índios ou guardas armados. Temos um amigo índio, antigo guerreiro, que foi atendido há tempos por trabalhadores da nossa casa, tornando-se depois nosso amigo e defensor, prestando valoroso trabalho na captura e retenção de irmãos rebeldes que precisam comparecer às nossas reuniões. A assistência espiritual a cada trabalhador da casa não se circunscreve à atuação do seu anjo guardião, que, diga-se de passagem, constitui figura esquecida por muitos de nós espíritas, quando, na verdade, deveríamos ser-lhe agradecidos pelo seu relevante trabalho e pela proteção que nos presta.

Como doutrinador, tenho recebido inúmeras manifestações psicofônicas e psicográficas de ex-suicidas, ex-escravos, ex-obsessores, ex-viciados, os quais, após superarem seus dramas angustiantes, retornam para expressar sua gratidão por quem os auxiliou, mas que, afinal, não lhes fez nenhum favor, uma vez que a prestação de socorro e solidariedade na dor constitui simplesmente uma obrigação para aquele que se diz cristão e, em especial, espírita. Da mesma forma, recebo frequentemente a visita de dedicados amigos de outras encarnações, com os quais convivi em outros países, que me buscam para continuarmos, durante o sono físico, estudos que não podem ser interrompidos.

Mas a assistência não fica somente nisso. Existem companheiros desencarnados que tomam a cargo auxiliar a educação mediúnica de cada trabalhador individualmente. Daí concluirmos que aquele que diz vir à casa espírita para fazer caridade, no mínimo é incoerente, pois, no fundo, ele próprio é o maior beneficiado, seja quanto à sua saúde, seja na harmonia individual e doméstica, na proteção que lhe possibilitam o pagamento em dia de seus, não raro, volumosos débitos. Ademais, trabalhando para Jesus, ele é mais facilmente encontrado pelos bons espíritos, que o tomam como amigo, aprendiz e companheiro, conhecendo, ainda, a alegria imaculada de servir, a única que contém o antídoto especial capaz de nos pacificar a consciência. A oportunidade de serviço bem aproveitada, em favor dos necessitados, constitui-se, assim, em ocasião ímpar de burilamento. Serve-se a Deus servindo aos homens, condição precípua de sermos servidos a posteriori. Não podemos dizer que Deus está mais próximo de quem trabalha. Mas podemos afirmar que o trabalhador, pela sua condição e vibração harmônica, situa-se e sente-se mais próximo dos objetivos divinos traçados para a glória espiritual, quais sejam, a liberdade e o conhecimento supremo de entendê-lo.

Há alguns anos, ao entrar na sala de aula do colégio em que leciono, notei a ausência de um aluno que costumeiramente era inquieto e não interessado na matéria. Recebi então a notícia de que ele havia falecido em acidente de trânsito. Era um jovem de 16 anos de idade. Coloquei seu nome em nosso caderno de preces e vibrações, solicitando aos amigos espirituais que o amparassem naquele difícil momento. Passados três meses, ele veio a comunicar-se na reunião, mas ainda se mostrando perturbado, sentindo muitas dores. Todavia me reconheceu, e eu procurei orientá-lo, esclarecendo-o a respeito de sua nova condição. Um ano depois ele estava curado. Mostrava-se arrependido pelo tempo desperdiçado, mas afirmava-se disposto a recuperá-lo, dizendo-me:

– Professor, aqui no colégio onde eu estudo, quando alguém lembra a necessidade de uma palestra, eu digo: "chamem o meu professor". Quando é para exemplificar um bom amigo, eu digo:

"É o meu professor". Um dos meus colegas já me criticou por isso. "Você pensa que o seu professor é um santo?" - disse-me ele. Mas eu não fiquei calado! Respondi que estava ciente de que não era, mas que o senhor era o meu melhor amigo. Por isso, hoje eu venho lhe dizer professor: Em qualquer lugar, qualquer hora, qualquer situação, onde o senhor estiver precisando de ajuda, eu quero saber, e quero ser o primeiro a chegar junto ao senhor.

Foi umas das maiores demonstrações de amizade e carinho que eu já recebi. Uma das gratas emoções a recordar, entre tantas outras, escritas no diário íntimo do meu coração.

Atualmente, no nosso grupo de estudos mediúnicos, ele é visto constantemente com uma prancheta na mão. Disse-me que perdeu o ar inquieto e descuidado, e que nunca havia julgado possível ser feliz disciplinando-se. E hoje, apesar de pouco ter a lhe ensinar, ele continua a me chamar de professor, quando dele tenho aprendido tantas e tão sugestivas lições.

Visto que o espiritismo deve marcar um progresso na humanidade, por que os espíritos não aceleram esse progresso com manifestações tão gerais e tão patentes que a convicção será levada aos mais incrédulos?

Quereríeis milagres, mas Deus os espalha a mãos cheias sob vossos passos, e tendes ainda homens que o renegam. O próprio Cristo convenceu seus contemporâneos pelos prodígios que realizou? Não vedes hoje homens negarem os fatos mais patentes que se passam sob seus olhos? Não tendes os que dizem que não acreditariam mesmo que vissem? Não, não é por prodígios que Deus quer reconduzir os homens; em sua bondade, ele quer deixar-lhes o mérito de se convencerem pela razão.

O Livro dos Espíritos
Allan Kardec (pergunta 802)

INTERMINAVELMENTE A VIDA

Muitas pessoas não acreditam na vida após a morte. Não acreditando na sobrevivência do espírito, logicamente negam, por lhes faltar confirmações materiais que lhes impressionem os sentidos, as demais realizações do espírito no seu *habitat* natural. Analisemos, portanto, as ideias dos cépticos, baseadas na lógica do "ver para crer", aferindo a sua racionalidade ou a sua insensatez. Antes da invenção do microscópio, não conhecíamos o microuniverso, ou seja, o mundo das bactérias, protozoários, vírus e algas unicelulares. A descoberta desses seres vivos foi um duro golpe naqueles que, com suas ideias limitadas, restringiam a vida ao alcance dos seus olhos desnudos. Assim, aqueles que só acreditam naquilo que lhes tange os sentidos ficariam absolutamente impossibilitados de compreender a verdadeira multidão de fenômenos presentes nos mais diferentes ramos da ciência, dos quais somente temos conhecimento por deduções ou inferências indiretas. Para tais indivíduos, modernos Tomés, inútil se faz tentar explicar a vibração e o dinamismo do mundo espiritual, uma vez que nem mesmo o mundo material compreendem, necessitando de um tratamento de choque como a desencarnação, que os coloca frente ao que negam, para se convencerem.

Quando Galileu apontou para o céu a sua luneta, descobriu os anéis de Saturno. Eles sempre estiveram lá. Mas foi a sua curiosidade científica que o levou a tentar ver além dos limites estreitos da sua visão. É preciso ousar, pois o pensamento, a filosofia e a ciência não possuem limites, embora, evidentemente, a ousadia e a coragem devam estar respaldadas pelo bom-senso e pela racionalidade, na atuação e na intuição de cada um. Em geral, o homem se acomoda também e sobretudo em seu pensar, limitando-se às ideias horizontais do seu cotidiano particular, sem se dar conta de que antiga lei evolutiva prescreve que o comportamento deve ser dinâmico. Para frente e sempre olhando para as estrelas. Negar o mundo espiritual é negar o espírito e, consequentemente, a si próprio. É limitar o ilimitável que é Deus. É quebrar a sequência de aprendizagem empreendida na Terra, imputando a Deus, a antididática própria dos seres humanos. É esquecer a ética, menosprezar o esforço, diminuir a criação. Aquele que não acredita em um mundo espiritual pleno de vida e pródigo em comunicação conosco é portador de fobia à lógica, desde que admite o nada como destinação humana.

Em *O Evangelho segundo o Espiritismo*, (cap. XVI: Lucas: 19-13) observamos a figura do mau rico, em região de sofrimento no plano espiritual, solicitando a Abraão mandar Lázaro, ou algum dos mortos, à casa do seu pai para relatar aos seus parentes o seu padecer, motivando-os a empreenderem as reformas íntimas necessárias. "Se for a eles algum dos mortos, hão de fazer penitência", enfatiza o rico. Quantos ensinamentos valiosos podemos extrair desta singela passagem do Evangelho de Lucas! A sobrevivência do espírito, as penas e recompensas futuras, a comunicação entre vivos e mortos, a existência e a diversificação de paisagens no mundo espiritual, dentre outras. Mas, diz Abraão: "se eles não dão ouvidos a Moisés e aos profetas, muito menos se deixarão persuadir, ainda que lhe ressuscite algum dos mortos". O mesmo raciocínio vale para o céptico. Se ele não acredita em sua consciência, que lhe confirma a ideia continuísta da vida, se nem mesmo as excursões noturnas, que lhe facultam investigar e privar da companhia dos seus afins desencarnados, não o sensibilizam, se enfim, mesmo viajando na contramão da vida, recebendo a cada instante provas irrefutáveis da sua origem e continuidade, não se satisfaz, tampouco se deixará persuadir por argumentos doutrinários.

Dizer a tais irmãos que o mundo espiritual é repleto de cidades, universidades, escolas, laboratórios, fontes, cachoeiras... é provocar-lhes o riso. Explicar que os espíritos vão a colônias mais evoluídas fazer cursos de aperfeiçoamento, e que a doença e a miséria também podem traspassar o túmulo, é fornecer-lhes assunto para piadas jocosas. A divulgação doutrinária tem seus limites, que não devem ir além dos limites do terreno fértil, pois demorar-se em argumentações que, embora sinceras, resultem em esterilidade, é atirar pérolas aos porcos.

Havia alguns anos que eu não recebia notícias de uma irmã que desencarnara, vítima de um atropelamento quando eu ainda era criança, e da qual eu não mais ouvira falar. Mas, certa feita, minha mãe, também já desencarnada, a trouxe para uma conversa comigo, ocasião em que ela me informou sobre nossas atividades espirituais durante o sono físico. Disse-me ela:

– Você, Luiz, é professor em uma escola aqui no plano espiritual. Nessa escola, que eu já visitei, existe uma sala com uma placa na porta, onde está escrito: "Professor Luiz Gonzaga". É uma escola para jovens. Também já o acompanhei, com a nossa mãe, até uma universidade, da qual você é aluno, chamada:

"Universidade Espiritual de Físico-Química". Nessa Universidade existe uma grande biblioteca, onde também vi uma cadeira com uma placa no espaldar com o seu nome gravado: "Estudante Luiz Gonzaga". Você passa longas horas sentado nela, em estudos e discussões com os seus amigos. Apesar de parecer distante, eu o acompanho em vários trabalhos, pois fiz um curso de enfermagem e auxilio os enfermos que vocês recolhem e atendem. Não se preocupe com a minha ausência, mano. Ela é só aparente. Na verdade, estamos sempre juntos, pois, mesmo sendo o universo infinito, é ininterrupta a vida, e como seguimos o mesmo caminho, invariavelmente estaremos juntos.

Há culpa em estudar os defeitos dos outros?

Se é para criticar e divulgar, há muita culpa, porque é faltar com a caridade. Se é para fazê-lo em seu proveito pessoal e os evitar em si mesmo, isso pode em algumas vezes ser útil. Mas é preciso não esquecer que a indulgência pelos defeitos alheios é uma das virtudes contidas na caridade. Antes de fazer aos outros uma censura de suas imperfeições, vede se não se pode dizer a mesma coisa de vós. Esforçai-vos, portanto, em terdes as qualidades opostas aos defeitos que criticais nos outros, esse é o meio de vos tornardes superiores. Se os censurais por serem avarentos, sede generosos; por serem orgulhosos, sede humildes e modestos; por serem duros, sede dóceis; por agirem com baixeza, sede grande em todas as vossas ações; em uma palavra, fazei de tal maneira que não vos possam aplicar estas palavras de Jesus: ele vê um argueiro no olho do seu vizinho e não vê uma trave no seu.

O livro dos Espíritos
Allan Kardec (pergunta 903)

BALANCETE

NUM GRUPO ESPÍRITA sempre existe a necessidade de se fazer, de quando em quando, uma parada para avaliação do seu próprio desempenho. Há sempre algo a corrigir, a aperfeiçoar, a exigir arranjos e complementações. Criaturas em aperfeiçoamento que somos, distanciados ainda da iluminação plena, estamos constantemente a introduzir parcelas de nossas imperfeições no trabalho a que nos vinculamos, o que não quer dizer, evidentemente, que dele nos devamos afastar, para retomá-lo apenas quando estivermos santificados, o que, bem o sabemos, não ocorrerá antes que muitas rochas se desgastem pelo atrito dos fenômenos meteorológicos. Enquanto essa santificação, que virá impor maior grau de normalidade, de coerência e harmonia aos trabalhos em que nos empenhamos, vai sendo edificada pela regência do tempo e da dor, urge que nós, os imperfeitos, conscientes de nossas imperfeições e da necessidade de desbastá-las através das oportunidades de serviço, firmemos as mãos calejadas na base fortalecida do arado, sulcando a terra árida da incompreensão humana, na tentativa sempre digna de servir a Deus. Esse é, no fundo, o panorama dos centros espíritas: pessoas simples, cidadãos comuns, enfermos do corpo e da alma. Inútil será tomá-los por grandes conquistadores, por virtuosos e discípulos fiéis, considerá-los "os maiores", apenas porque assumiram vivência dos menores. Proceder assim é carregar para si rosários de decepções e frustrações.

Ninguém se santifica tão somente por ingressar no espiritismo. Ninguém vivencia o Evangelho simplesmente porque o explica. Ninguém conquista as dulcificantes virtudes do amor ao próximo, simplesmente por apontá-lo como salutar medicamento para a obtenção da paz. Espíritos bondosos, sempre os encontraremos batalhando nas hostes espíritas. Mas, não nos iludamos. Se não portassem deficiências, vícios e mazelas outras, não haveria a necessidade de habitarem as oficinas humildes deste humilde mundículo. Constitui-se, assim, o centro espírita em aglomerado de irmãos sofredores que procuram auxiliar a outros ainda mais sofredores. Justamente através da luta incansável contra suas fragilidades é que entendem e entram em sintonia com outros, mais frágeis. Auxiliando, são auxiliados. Doutrinando, acabam sendo doutrinados. Amando, constroem amizades sólidas que os tornam amados. O templo espírita é uma abençoada oportunidade de serviço e de renovação, materializando o chamamento de Jesus, quando enfatizou: "toma a tua cruz e segue-me". É o convite ao trabalho voluntário, que em nada se diferencia do convite à nossa redenção espiritual.

Adentremo-nos nessa oficina, portanto, conscientes de tais perspectivas, firmes no desejo de servir, certos de que, ali, somos igualados pela dor e pela bravura diante do sofrimento, visto ainda nos caracterizarmos mais pela enfermidade do que pela santidade. Nela não há, ou pelo menos não deveria haver, maior ou menor, melhor ou pior, uma vez que aquele que se julga o maior, atesta sua inferioridade por dizer-se o que não é, ao passo que aquele que se julga o pior, espelha-se, muitas vezes, no referencial tomado daquele que se disse, inveridicamente, o maior. Se de fato existe o maior, este não o sabe e não o diz, pois está convicto de que é o menor. E, como disse Jesus, será o maior aquele que mais servir; o mais humilde, aquele que tiver a caridade como norma de conduta, sendo, portanto, o que menos fere.

Modelo e guia, inquestionavelmente, só há um: Jesus de Nazaré. No centro espírita, teatro de tantos heroísmos e de tantas agressões, estejamos certos de que o que realmente conta é o esforço de reforma de cada aprendiz, através da boa vontade de crescer para Deus, através do estudo, da disciplina, da caridade.

Esperar simplesmente, desesperar ou estacionar, jamais! Burros de carga que ainda somos, acabamos dando um coice aqui, outro lá, mas devemos seguir sempre trabalhando, levando o nosso próprio fardo e também o de outros irmãos cujos ferimentos não lhes permitem carregá-los. Mesmo que a espora da dor, o cabresto da ingratidão, a cangalha da maledicência e o chicote das agressões venham a nos atingir quando em vez, isso será ainda o de que necessitamos como de bestas de carga, por não reunirmos ainda condições de sermos promovidos a animais de cela. A força, o ânimo e a coragem são as armas dessa batalha.

Como balanço de final de ano em nossa casa de trabalho, elaboramos a seguinte nota de agradecimento, que fazia parte do questionamento, ao qual cada trabalhador deveria submeter a sua atuação, reservando para si mesmo as conclusões obtidas, extraindo dessa forma de sua consciência a sua nota de aprovação ou de censura, conforme o seu desempenho em face do compromisso assumido.

"Nota de agradecimento aos trabalhadores do Centro Espírita Grão de Mostarda.

O Departamento mediúnico agradece com sinceridade a tantos quantos lhe prestaram serviços, notadamente àqueles que:

1. Observaram a disciplina e a assiduidade no trato com as funções realizadas.
2. Estudaram as lições exigidas pelo labor mediúnico, não perdendo as oportunidades de enriquecimento interior.
3. Participaram de outras atividades do centro, alargando o seu campo de ação, sabedores de que a oportunidade de serviço é um dos maiores bens da vida.
4. Foram instrumentos dóceis aos bons espíritos, tanto nas mentalizações quanto na mediunidade ostensiva ou não, bem como nas doutrinações, participando ativamente da ajuda prestada aos irmãos desencarnados.
5. Comprometidos com as complementações das tarefas mediúnicas, atuaram também durante o sono físico, como servos úteis à causa do bem.
6. Conseguiram ser espíritas fora do centro espírita, guardando as proporções, mas mantendo uma relatividade com o esforço empreendido.
7. Atuaram como fator de harmonização, evitando as fofocas, as críticas infundadas, os melindres, a exteriorização do orgulho, as agressões verbais e outras atitudes correlantes.
8. Souberam empunhar, com a mesma dignidade e humildade, o livro e a vassoura, a caneta e a pá, a palavra colorida aliada à prática, o pedir e o obedecer.
9. Renunciaram, em muitas ocasiões, ao repouso domiciliar, ao convívio com os filhos, ao programa de televisão, à conversa animada com as visitas, ao aniversário..., colocando como prioridade o compromisso assumido consigo mesmos perante a doutrina.
10. Oraram por seus irmãos, souberam perdoar, espalharam a solidariedade, e, sobretudo, colocaram a mão no arado e não olharam mais para trás.

Admitindo que cada item tenha o valor 1,0 (um), qual a nota que você daria a você mesmo, para o ano que ora finda?"

DO MESMO AUTOR

O amor está entre nós

Luiz Gonzaga Pinheiro

Doutrinário • 14x21 cm • 168 pp.

Este livro procura exaltar a nobreza humana e seus bons exemplos, alguns capazes de marcar uma vida. *O amor está entre nós* na figura dos que acolhem filhos alheios, dos palhaços que fazem rir os doentes nos hospitais, das mãos dos que aplicam passes, das músicas que alegram os tristes, das preces que acalmam as dores. Existe amor em cada um de nós. Conheça o potencial do seu amor.

Mediunidade para iniciantes

Luiz Gonzaga Pinheiro

Mediunidade • 14x21 cm • 184 pp.

A possibilidade de comunicação entre vivos e mortos é um tema que interessa a cada um em particular. Este estudo que Luiz Gonzaga Pinheiro nos apresenta é fundamental para os que desejam se informar sobre o que significa a mediunidade, tornando-nos mais aptos a perceber os seus sinais em nossa vida.

André Luiz e suas revelações

Luiz Gonzaga Pinheiro

Estudo • 14x21 cm • 184 pp.

Diversos tópicos importantes que desfilam através das obras de André Luiz constam neste livro, indicado para médiuns, doutrinadores e simpatizantes da doutrina espírita.

DO MESMO AUTOR

O homem que veio da sombra

Luiz Gonzaga Pinheiro

Mensagem / Autoajuda • 14x21 cm • 168 pp.

Este livro é uma seleção especial de textos, com mensagens de otimismo, alegria, paz, encorajamento e elevação da autoestima. Com simplicidade e objetividade, o autor demonstra o quanto devemos aproveitar a vida, valorizando cada pessoa e cada momento do nosso dia a dia. "Vocabulário para netos", amplamente reconhecido e divulgado na internet, integra a seleção e é o texto que motivou o autor a elaborar este livro. Emocione-se a cada página e descubra quem é *o homem que veio da sombra.*

Mediunidade – tire suas dúvidas

Luiz Gonzaga Pinheiro

Mediunidade • 14x21 cm • 192 pp.

As perguntas mais constantes, as curiosidades mais persistentes estão expostas no roteiro deste livro. São questões do cotidiano, mas que, devido a falta de estudo sistemático, acabam por contaminar a boa divulgação da prática mediúnica.

Mediunidade exige suor e perseverança, estudo e disciplina, atributos conquistáveis com amor à causa, sob o patrocínio de Jesus.

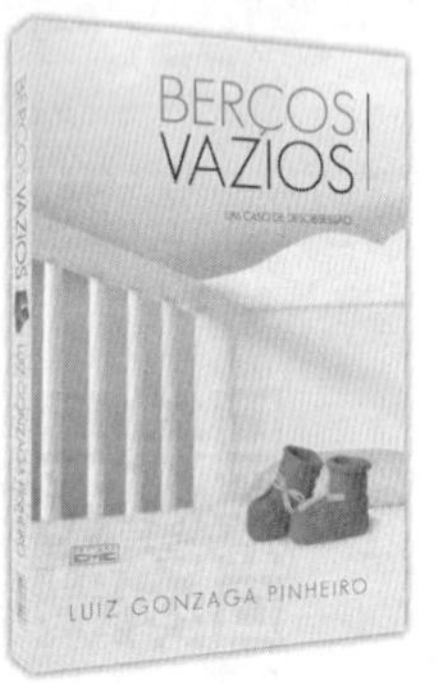

Berços vazios

Luiz Gonzaga Pinheiro

Estudo romanceado • 14x21 cm • 264 pp.

Um grave e complicado caso de obsessão é o que encontraremos retratado em *Berços vazios.* Espíritos altamente comprometidos com a prática do aborto delituoso sentem agora os reflexos de suas atitudes num passado repleto de crimes hediondos praticados contra seres sem a menor chance de defesa.

CONHEÇA TAMBÉM

O aprendiz – quem pergunta quer saber

Elaine Aldrovandi

Estudo • 14x21 cm • 208 pp.

Trata-se de um livro esclarecedor que certamente será de muita utilidade a quem se inicia no conhecimento espírita. Bem como servirá de reforço e renovação para os que já militam nas fileiras doutrinárias, capacitando-os à tarefa de também esclarecer novos aprendizes. Ótimo para quem escreve ou faz palestra espírita.

Vivências mediúnicas – Sinopse teórica e prática

Francisco Cajazeiras

Estudo • 14x21 cm • 144 pp.

Neste livro, Francisco Cajazeiras ressalta que a mediunidade, como um bem outorgado pela Providência Divina, não se destina à exaltação própria, bastando ao seu portador o conhecimento de que os dons pertencem ao Senhor da Vida.

A tarefa mediúnica deve ser executada com serenidade e amor, confiança e aceitação, equilíbrio e determinação, no anonimato dos corações dos companheiros carentes que te batem à porta..

Arigó e suas incríveis curas

Juliano P. Fagundes

Biografia • 14x21 cm • 192 pp.

Para homenagear um dos maiores médiuns de efeitos físicos do Brasil, Juliano P. Fagundes se baseou nos relatos de pesquisadores estrangeiros para escrever este estudo profundo sobre o homem simples e sem muita instrução que diagnosticava, operava e curava em apenas 60 segundos.

CONHEÇA TAMBÉM

Peça e receba – o Universo conspira a seu favor

José Lázaro Boberg

Estudo • 16x22,5 cm • 248 pp.

José Lázaro Boberg reflete sobre a força do pensamento, com base nos estudos desenvolvidos pelos físicos quânticos, que trouxeram um volume extraordinário de ensinamentos a respeito da capacidade que cada ser tem de construir sua própria vida, amparando-se nas Leis do Universo.

Getúlio Vargas em dois mundos

Wanda A. Canutti • Eça de Queirós (espírito)

Romance mediúnico • 16x22,5 cm • 344 pp.

Getúlio Vargas realmente suicidou-se? Como foi sua recepção no mundo espiritual? Qual o conteúdo da nova carta à nação, escrita após sua desencarnação? Saiba as respostas para estas e outras perguntas, agora em uma nova edição, com nova capa, novo formato e novo projeto gráfico.

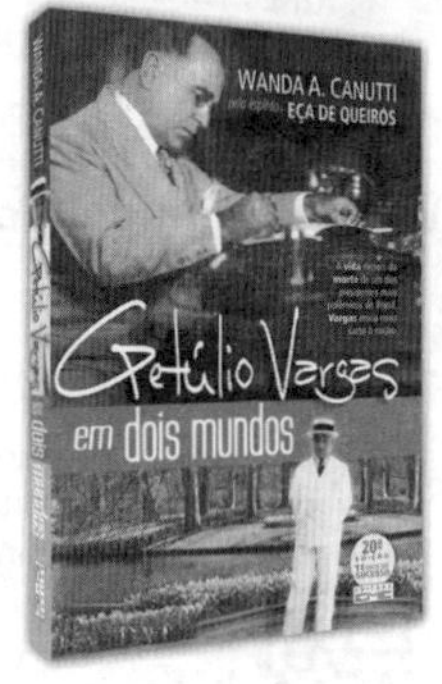

A vingança do judeu

Vera Kryzhanovskaia • J. W. Rochester (espírito)

Romance mediúnico • 16x22,5 cm • 424 pp.

O clássico romance de Rochester agora pela EME, com nova tradução, retrata em cativante história de amor e ódio, os terríveis fatos causados pelos preconceitos de raça, classe social e fortuna e mostra ao leitor a influência benéfica exercida pelo espiritismo sobre a sociedade.

Não encontrando os livros da EME na livraria de sua preferência, solicite o endereço de nosso distribuidor mais próximo de você através de Fones: (19) 3491-7000 / 3491-5449 (claro) 9 9317-2800 (vivo) 9 9983-2575

E-mail: vendas@editoraeme.com.br – Site: www.editoraeme.com.br

/editoraeme | @editoraeme | @EditoraEme | editoraemeoficial